ITC 국제토셀위원회

TOSEL 예상문제집

PRE STARTER

P

Starter

Basic

Junior

High Junior

TOSEL 기출 문제 5회 수록
국제토셀위원회 공식 교재

CONTENTS

About this book

1 Actual Test

토셀 최신 유형을 반영하여
실전 모의고사를 5회 실었습니다.
수험자들의 토셀 시험 대비 및
적응력 향상에 도움이 됩니다.

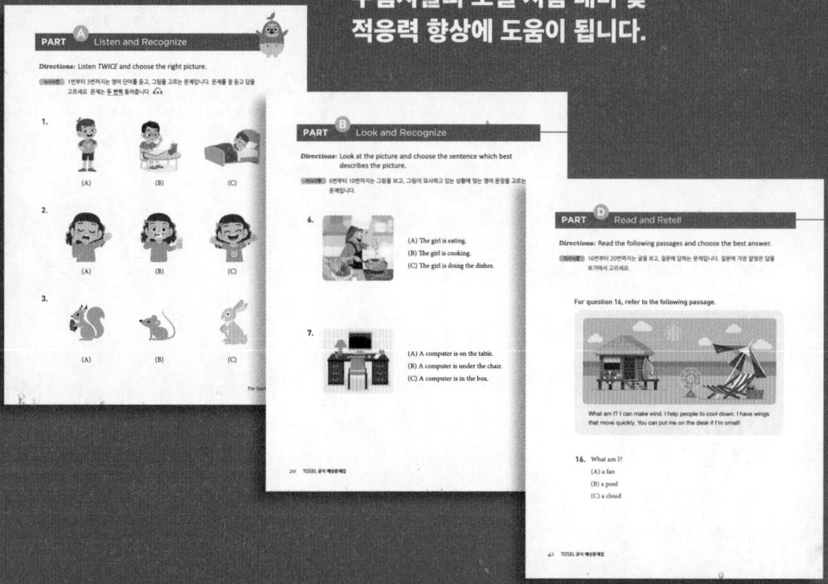

2 Appendix

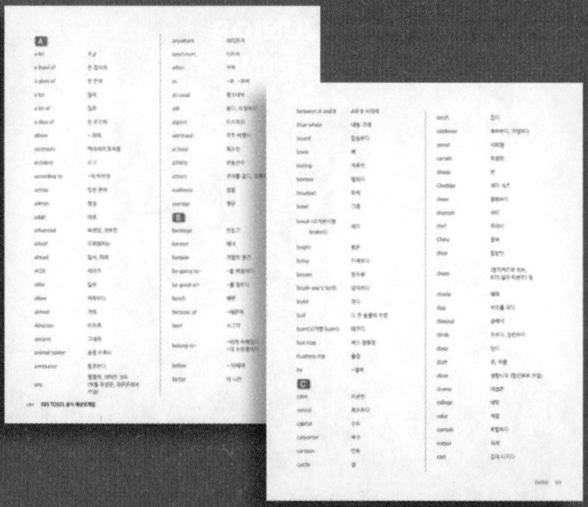

필수 어휘를 포함해 모의고사
빈출 어휘 목록을 수록했습니다.
평소 어휘 정리뿐만 아니라
시험 직전 대비용으로 활용 가능합니다.

3 Answer

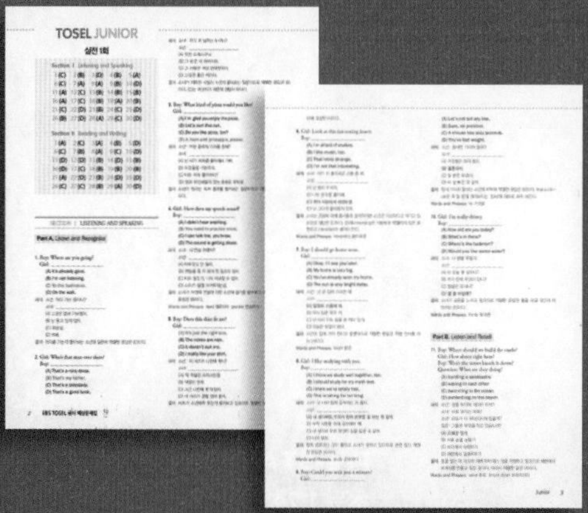

자세한 해설과 문제 풀이로
오답 확인 및 시험 대비를 위한 정리가 가능합니다.

TOSEL® Level Chart TOSEL 단계표

COCOON

아이들이 접할 수 있는 공식 인증 시험의 첫 단계로써, 아이들의 부담을 줄이고 즐겁게 흥미를 유발할 수 있도록 컬러풀한 색상과 디자인으로 시험지를 구성하였습니다.

Pre-STARTER

친숙한 주제에 대한 단어, 짧은 대화, 짧은 문장을 사용한 기본적인 문장표현 능력을 측정합니다.

STARTER

흔히 접할 수 있는 주제와 상황과 관련된 주제에 대한 짧은 대화 및 짧은 문장을 이해하고 일상생활 대화에 참여하며 실질적인 영어 기초 의사소통 능력을 측정합니다.

BASIC

개인 정보와 일상 활동, 미래 계획, 과거의 경험에 대해 구어와 문어의 형태로 의사소통을 할 수 있는 능력을 측정합니다.

JUNIOR

일반적인 주제와 상황을 다루는 회화와 짧은 단락, 실용문, 짧은 연설 등을 이해하고 간단한 일상 대화에 참여하는 능력을 측정합니다.

HIGH JUNIOR

넓은 범위의 사회적, 학문적 주제에서 영어를 유창하고 정확하게, 효과적으로 사용할 수 있는 능력 및 중문과 복잡한 문장을 포함한 다양한 문장구조의 사용 능력을 측정합니다.

ADVANCED

대학 및 대학원에서 요구되는 영어능력과 취업 또는 직업근무환경에 필요한 실용영어능력을 측정합니다.

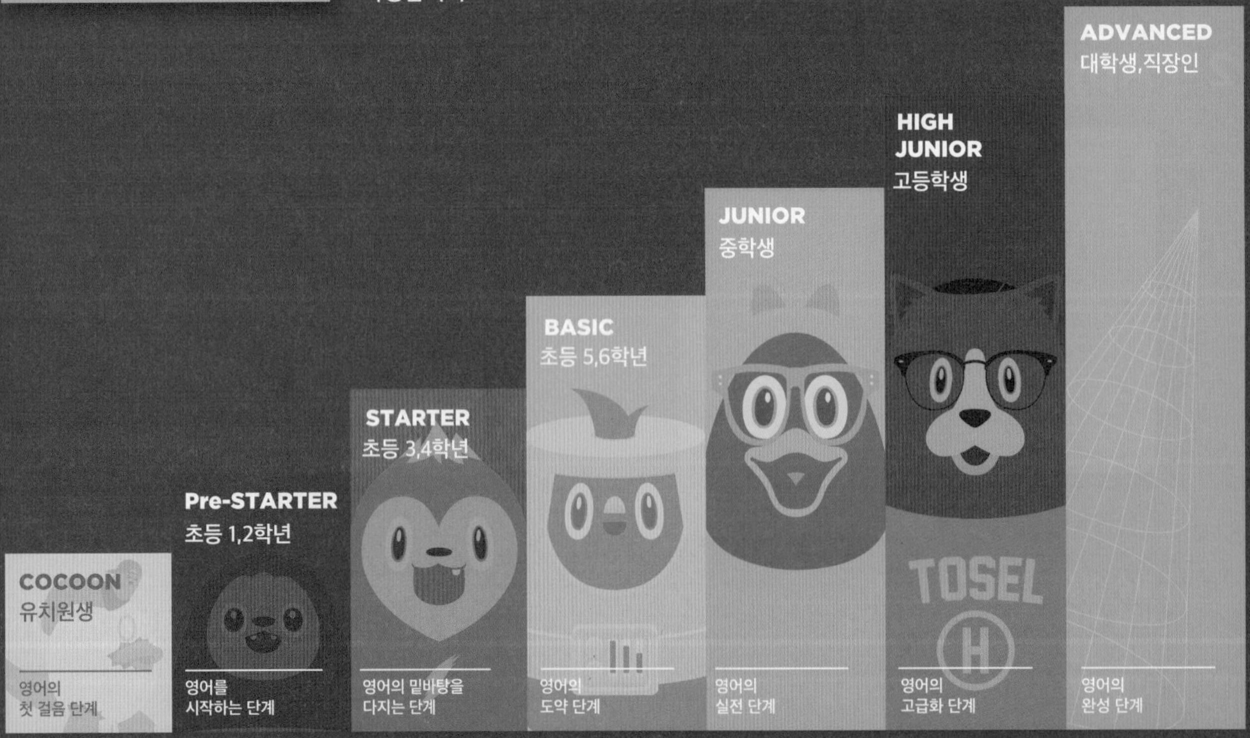

About TOSEL® — TOSEL에 대하여

TOSEL은 각급 학교 교과과정과 연령별 인지단계를 고려하여 단계별 난이도와 문항으로
영어 숙달 정도를 측정하는 영어 사용자 중심의 맞춤식 영어능력인증 시험제도입니다.
평가유형에 따른 개인별 장점과 단점을 파악하고, 개인별 영어학습 방향을 제시하는 성적분석자료를 제공하여
영어능력 종합검진 서비스를 제공함으로써 영어 사용자인 소비자와
영어능력 평가를 토대로 영어교육을 담당하는 교사 및 기관 인사관리자인 공급자를
모두 만족시키는 영어능력인증 평가입니다.

TOSEL은 인지적-학문적 언어 사용의 유창성 (Cognitive-Academic Language Proficiency, CALP)과
기본적-개인적 의사소통능력 (Basic Interpersonal Communication Skill, BICS)을
엄밀히 구분하여 수험자의 언어능력을 가장 친밀하게 평가하는 시험입니다.

대상	목적	용도
유아, 초, 중, 고등학생, 대학생 및 직장인 등 성인	한국인의 영어구사능력 증진과 비영어권 국가의 영어 사용자의 영어구사능력 증진	실질적인 영어구사능력 평가 + 입학전형 및 인재선발 등에 활용 및 직무역량별 인재 배치

연혁

2002.02	국제토셀위원회 창설 (수능출제위원역임 전국대학 영어전공교수진 중심)
2004.09	TOSEL 고려대학교 국제어학원 공동인증시험 실시
2006.04	EBS 한국교육방송공사 주관기관 참여
2006.05	민족사관고등학교 입학전형에 반영
2008.12	고려대학교 편입학시험 TOSEL 유형으로 대체
2009.01	서울시 공무원 근무평정에 TOSEL 점수 가산점 부여
2009.01	전국 대부분 외고, 자사고 입학전형에 TOSEL 반영 (한영외국어고등학교, 한일고등학교, 고양외국어고등학교, 과천외국어고등학교, 김포외국어고등학교, 명지외국어고등학교, 부산국제외국어고등학교, 부일외국어 고등학교, 성남외국어고등학교, 인천외국어고등학교, 전북외국어고등학교, 대전외국어고등학교, 청주외국어고등학교, 강원외국어고등학교, 전남외국어고등학교)
2009.12	청심국제중 • 고등학교 입학전형 TOSEL 반영
2009.12	한국외국어교육학회, 팬코리아영어교육학회, 한국음성학회, 한국응용언어학회 TOSEL 인증
2010.03	고려대학교, TOSEL 출제기관 및 공동 인증기관으로 참여
2010.07	경찰청 공무원 임용 TOSEL 성적 가산점 부여
2014.04	전국 200개 초등학교 단체 응시 실시
2017.03	중앙일보 주관기관 참여
2018.11	관공서, 대기업 등 100여 개 기관에서 TOSEL 반영
2019.06	미얀마 TOSEL 도입 발족식 베트남 TOSEL 도입 협약식
2019.11	고려대학교 편입학전형 반영
2020.06	국토교통부 국가자격시험 TOSEL 반영
2021.07	소방청 간부후보생 선발시험 TOSEL 반영
2021.11	고려대학교 공과대학 기계학습 • 빅데이터 연구원 AI 연구 협약
2022.05	AI 영어학습 플랫폼 TOSEL Lab 공개
2023.11	고려대학교 경영대학 전국 고등학생 대상 정기캠퍼스 투어 프로그램 후원기관 참여
2024.01	제1회 TOSEL VOCA 올림피아드 실시
2024.03	고려대학교 미래교육원 TOSEL 전문가과정 개설

Evaluation —— 평가

평가의 기본원칙

TOSEL은 PBT(PAPER BASED TEST)를 통하여 간접평가와 직접평가를 모두 시행합니다.

TOSEL은 언어의 네 가지 요소인 읽기, 듣기, 말하기, 쓰기 영역을 모두 평가합니다.

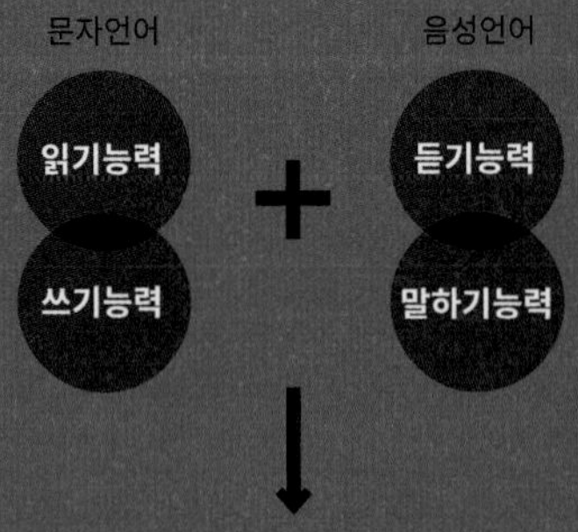

대한민국 대표 영어능력 인증 시험제도

TOSEL®

Reading 읽기	모든 레벨의 읽기 영역은 직접 평가 방식으로 측정합니다.
Listening 듣기	모든 레벨의 듣기 영역은 직접 평가 방식으로 측정합니다.
Speaking 말하기	모든 레벨의 말하기 영역은 간접 평가 방식으로 측정합니다.
Writing 쓰기	모든 레벨의 쓰기 영역은 간접 평가 방식으로 측정합니다.

TOSEL은 연령별 인지단계를 고려하여 **아래와 같이 7단계로 나누어 평가합니다.**

1 단계	TOSEL® COCOON	5~7세의 미취학 아동
2 단계	TOSEL® Pre-STARTER	초등학교 1~2학년
3 단계	TOSEL® STARTER	초등학교 3~4학년
4 단계	TOSEL® BASIC	초등학교 5~6학년
5 단계	TOSEL® JUNIOR	중학생
6 단계	TOSEL® HIGH JUNIOR	고등학생
7 단계	TOSEL® ADVANCED	대학생 및 성인

Grade Report —— 성적표 및 인증서

고도화 성적표: 응시자 개인별 최적화 AI 정밀진단

20여년간 축적된 약 100만명 이상의 엄선된 응시자 빅데이터를 TOSEL AI로 분석 · 진단한 개인별 성적자료

전국 단위 연령, 레벨 통계자료를 활용하여 보다 정밀한 성취 수준 판별
파트별 강/약점, 영역별 역량, 8가지 지능, 단어 수준 등을 비교 및 분석하여 폭넓은 학습 진단
오답 문항 유형별 심층 분석 자료 및 솔루션으로 학습 방향 제시, TOSEL과 수능 및 교과학습 성취기준과의 연계
모바일 기기 지원 - UX/UI 개선, 반응형 웹페이지로 구현되어 태블릿, 휴대폰, PC 등 다양한 기기 환경에서 접근 가능

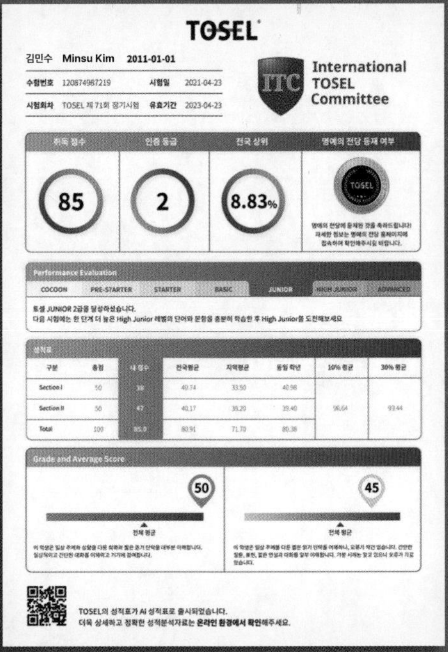

기본 제공 성적표

고도화 성적표 (일부 유료)

단체 성적 분석 자료

단체 및 기관 대상

- 레벨별 평균성적추이, 학생분포
  섹션 및 영역별 평균 점수, 표준편차

TOSEL Lab 지정교육기관 대상 추가 제공

- 원생 별 취약영역 분석 및 보강방안 제시
- TOSEL수험심리척도를 바탕으로 학생의 응답 특이성을 파악하여 코칭 방안 제시
- 전국 및 지역 단위 종합적 비교분석 (레벨/유형별 응시자 연령 및 규모, 최고득점 등)

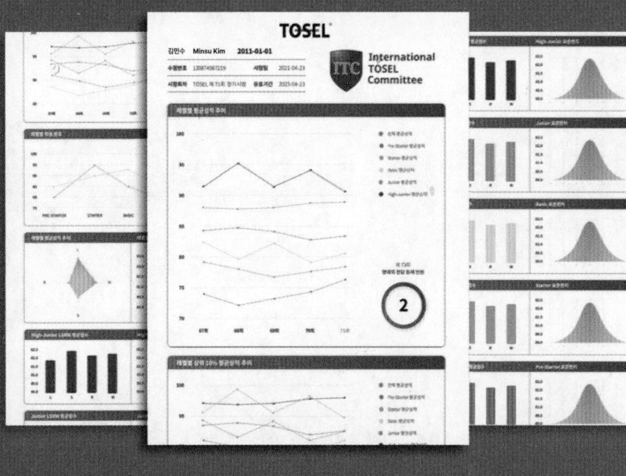

'토셀 명예의 전당' 등재

특별시, 광역시, 도 별 **1등 선발**
(7개시 9개도 **1등 선발**)

*홈페이지 로그인 - 시험결과 - 명예의 전당에서
해당자 등재 증명서 출력 가능

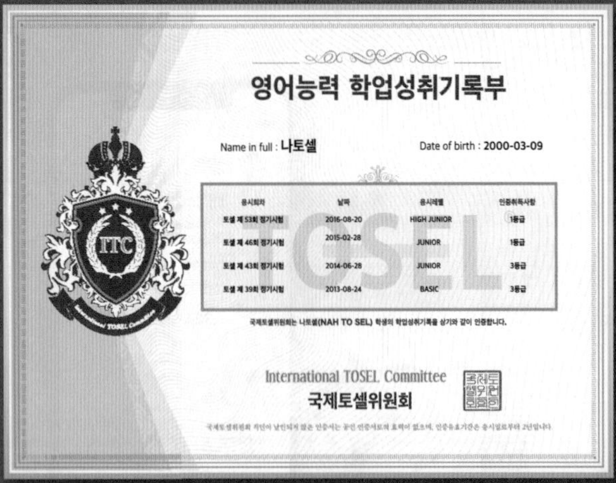

'학업성취기록부'에 토셀 인증등급 기재

개인별 **'학업성취기록부' 평생 발급**
진학과 취업을 대비한 **필수 스펙관리**

인증서

대한민국 초,중,고등학생의 영어숙달능력 평가 결과 공식인증

고려대학교 인증획득 (2010. 03)

한국외국어교육학회 인증획득 (2009. 12)

한국음성학회 인증획득 (2009. 12)

한국응용언어학회 인증획득 (2009. 11)

팬코리아영어교육학회 인증획득 (2009. 10)

Actual Test 1

Section I

음원 QR 코드

Listening and Speaking

Part **A** ***Listen and Recognize***
5 Questions

Part **B** ***Listen and Respond***
5 Questions

Part **C** ***Listen and Retell***
5 Questions

PART A Listen and Recognize

Directions: Listen *TWICE* and choose the right picture.

지시사항 1번부터 3번까지는 영어 단어를 듣고, 그림을 고르는 문제입니다. 문제를 잘 듣고 답을 고르세요. 문제는 **두 번씩** 들려줍니다.

1.

(A)

(B)

(C)

2.

(A)

(B)

(C)

3.

(A)

(B)

(C)

Directions: Listen *TWICE* and choose the right picture.

지시사항 4번과 5번은 짧은 문장을 듣고, 알맞은 그림을 고르는 문제입니다. 문장을 잘 듣고 답을 고르세요. 문제는 **두 번씩** 들려줍니다.

4.

(A)

(B)

(C)

5.

(A)

(B)

(C)

PART B Listen and Respond

Directions: Listen *TWICE* and choose the best response.

지시사항 6번부터 10번까지는 영어 문장을 듣고, 들은 말에 대한 가장 알맞은 대답을 고르는 문제입니다. 영어질문과 보기는 **<u>두 번</u>** 들려주며 (A), (B), (C) 중에서 하나를 고르세요.

6.

(A) It's 8 o'clock.

(B) It's on the desk.

(C) It's Monday.

7.

(A) Yes, I do.

(B) Yes, I am.

(C) Yes, I can.

8.

(A) I'm going.

(B) I'm 7 years old.

(C) I'm good.

9.

(A) It's raining.

(B) It's purple.

(C) It's cute.

10.

(A) Thank you.

(B) Goodbye.

(C) Me, too.

PART C Listen and Retell

Directions: Listen *TWICE* and choose the best picture for the question.

지시사항 11번부터 15번까지는 대화를 듣고, 질문에 맞는 그림을 고르는 문제입니다. 두 명의 대화를 잘 듣고, 질문에 알맞은 답을 고르세요. 문제는 **두 번씩** 들려 줍니다. C

11. Where is the girl going?

(A)

(B)

(C)

12. What sport does the boy like?

(A)

(B)

(C)

13. Where is the boy's pencil case?

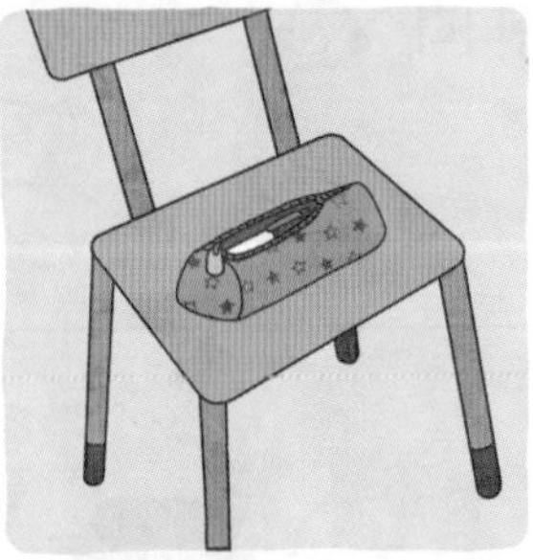
(A)

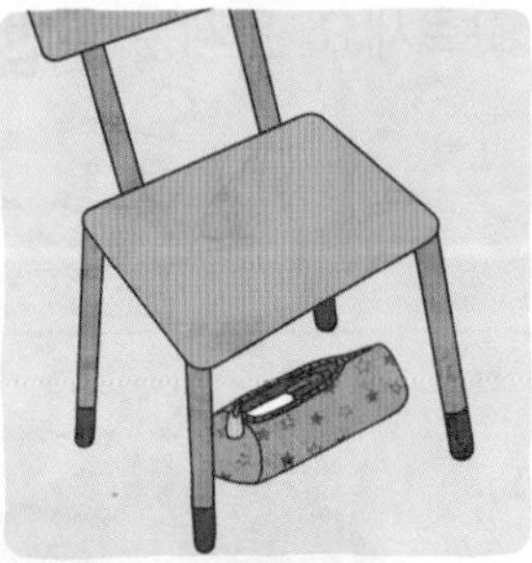
(B)

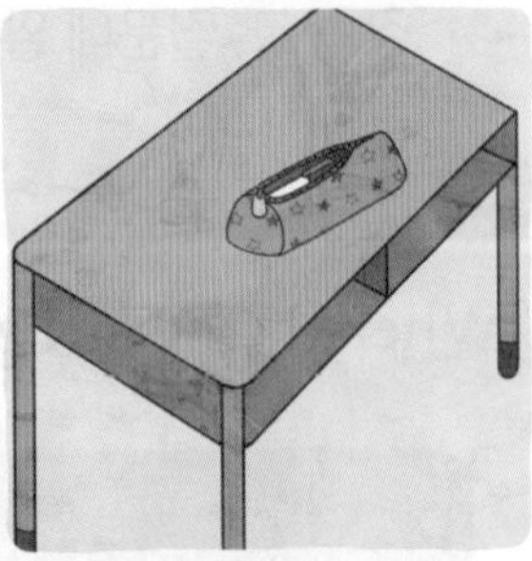
(C)

14. What is the boy looking for?

(A)

(B)

(C)

15. Where are the boy and the girl?

(A)

(B)

(C)

Section II

Reading and Writing

Part **A** ***Spell the Words***
5 Questions

Part **B** ***Look and Recognize***
5 Questions

Part **C** ***Look and Respond***
5 Questions

Part **D** ***Read and Retell***
5 Questions

PART A Spell the Words

Directions: Read the words and choose the best letter for each blank.

지시사항 1번에서 2번까지는 빈칸을 알맞게 채워 단어를 완성하는 문제입니다. 가장 알맞은 답을 고르세요.

1.

__ ineapple

(A) f

(B) p

(C) b

2.

moun__ ain

(A) d

(B) s

(C) t

Directions: Look at the pictures and choose the correctly spelled word.

지시사항 3번부터 5번까지는 그림을 보고, 단어의 철자를 바르게 나열한 것을 고르는 문제입니다.

3.

(A) herso
(B) horse
(C) roehs

4.

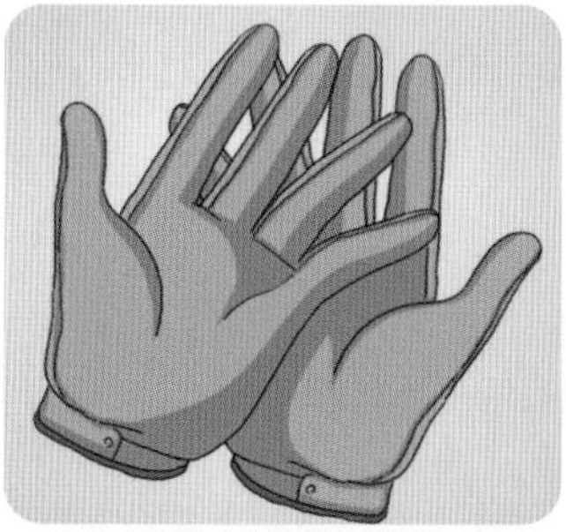

(A) gloves
(B) golves
(C) gelovs

5.

(A) taecher
(B) heatcer
(C) teacher

PART B Look and Recognize

Directions: Look at the picture and choose the sentence which best describes the picture.

지시사항 6번부터 10번까지는 그림을 보고, 그림이 묘사하고 있는 상황에 맞는 영어 문장을 고르는 문제입니다.

6.

(A) The girl is eating.

(B) The girl is cooking.

(C) The girl is doing the dishes.

7.

(A) A computer is on the table.

(B) A computer is under the chair.

(C) A computer is in the box.

8.

(A) The boy is going to school.

(B) The boy is doing homework.

(C) The boy is walking his dog.

9.

(A) He is riding a bike.

(B) He is jumping rope.

(C) He is playing soccer.

10.

(A) They are in the train.

(B) They are in the boat.

(C) They are in the airplane.

PART C Look and Respond

Directions: Look at the picture and choose the best answer to the question.

지시사항 11번부터 15번까지는 그림을 보고, 질문에 답하는 문제입니다. 질문에 가장 알맞은 답을 보기에서 고르세요.

11.

Q: What sport does the boy do?

(A) badminton

(B) skating

(C) skiing

12.

Q: What time is it now?

(A) It's seven o'clock.

(B) It's three o'clock.

(C) It's eight o'clock.

13.

Q: How does the girl feel?

(A) She is happy.

(B) She is beautiful.

(C) She is sad.

14.

Q: How is the weather?

(A) It's snowy.

(B) It's rainy.

(C) It's sunny.

15.

Q: What is the girl doing?

(A) She is singing.

(B) She is doing ballet.

(C) She is playing the piano.

PART D Read and Retell

Directions: Read the following passages and choose the best answer.

지시사항 16번부터 20번까지는 글을 보고, 질문에 답하는 문제입니다. 질문에 가장 알맞은 답을 보기에서 고르세요.

For question 16, refer to the following passage.

What am I? You can take me everywhere. You use me to make a call. I can send a message to your friends, too.

16. What am I?

(A) a map

(B) a lamp

(C) a phone

For question 17~18, refer to the following passage.

My family is at the park. My dad and I are playing baseball. My sister, Susie, is eating ice cream on the bench. My mom is reading a book. We all have fun.

17. Where are they?

(A) in the stadium

(B) at the park

(C) in the library

18. What sport is the dad playing?

(A) baseball

(B) soccer

(C) basketball

For question 19~20, refer to the following passage.

My name is Joshua. I am in the second grade. I like math and art. They are fun. I like to draw pictures. I don't like science. It's boring.

19. What class is boring?

(A) math

(B) art

(C) science

20. What does Joshua like?

(A) music

(B) art

(C) English

Actual Test 2

음원 QR 코드

Section I

Listening and Speaking

Part A ***Listen and Recognize***
5 Questions

Part B ***Listen and Respond***
5 Questions

Part C ***Listen and Retell***
5 Questions

PART A Listen and Recognize

Directions: Listen *TWICE* and choose the right picture.

지시사항 1번부터 3번까지는 영어 단어를 듣고, 그림을 고르는 문제입니다. 문제를 잘 듣고 답을 고르세요. 문제는 **두 번씩** 들려줍니다.

1.

(A)

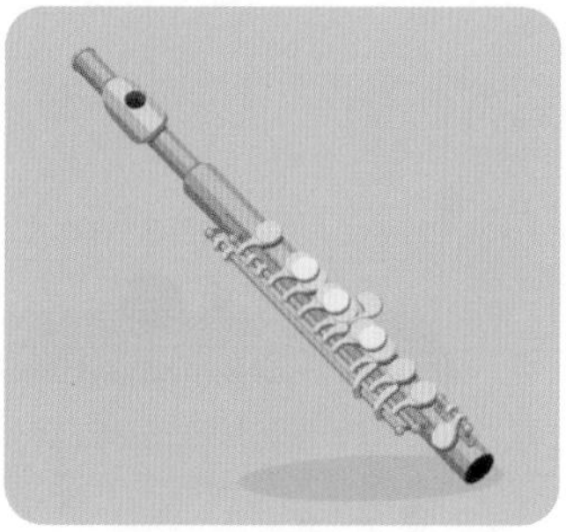

(B)

(C)

2.

(A)

(B)

(C)

3.

(A)

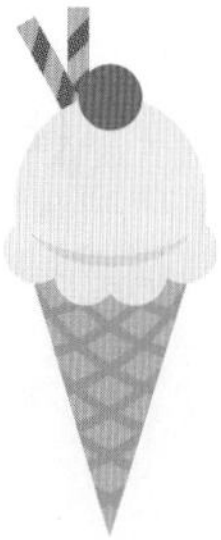

(B)

(C)

Directions: Listen *TWICE* and choose the right picture.

지시사항 4번과 5번은 짧은 문장을 듣고, 알맞은 그림을 고르는 문제입니다. 문장을 잘 듣고 답을 고르세요. 문제는 **두 번씩** 들려줍니다.

4.

(A)

(B)

(C)

5.

(A)

(B)

(C)

PART B Listen and Respond

Directions: Listen *TWICE* and choose the best response.

지시사항 6번부터 10번까지는 대화 문제입니다. 문장을 잘 듣고, 뒤에 올 수 있는 말로 가장 알맞은 답을 고르세요. 문제는 **두 번씩** 들려줍니다.

6.

(A) No, they don't.

(B) No, they can't.

(C) No, they aren't.

7.

(A) I have a cold.

(B) It is not long.

(C) No, thank you.

8.

(A) Yes, I can.

(B) Yes, I am.

(C) Yes, I do.

9.

(A) It's February.

(B) It's Saturday.

(C) It's seven o'clock.

10.

(A) Yes, I am.

(B) Yes, here you go.

(C) Yes, it does.

PART C Listen and Retell

Directions: Listen *TWICE* and choose the best picture for the question.

지시사항 11번부터 15번까지는 대화를 듣고, 질문에 맞는 그림을 고르는 문제입니다. 두 명의 대화를 잘 듣고, 질문에 알맞은 답을 고르세요. 문제는 **두 번씩** 들려 줍니다. C

11. What is the girl doing?

(A)

(B)

(C)

12. When is the boy going to the library?

(A)

(B)

(C)

13. Where is the girl?

(A)

(B)

(C)

14. How many pencils does the boy have?

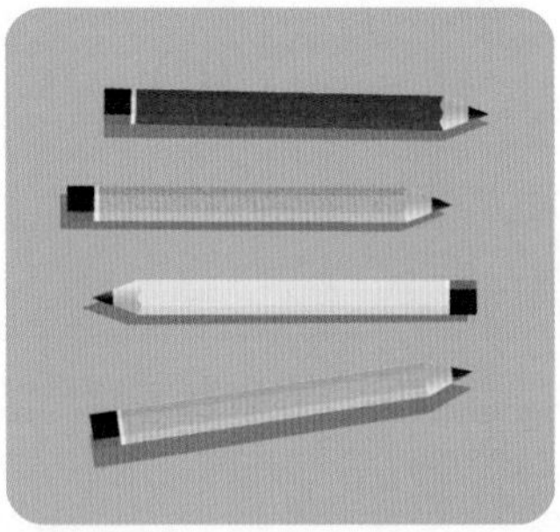

(A)

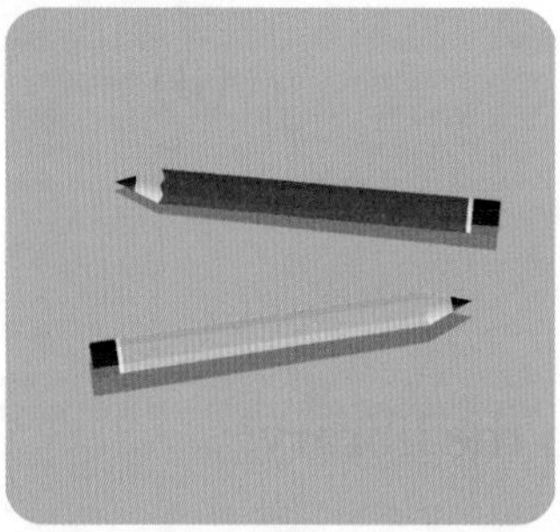

(B)

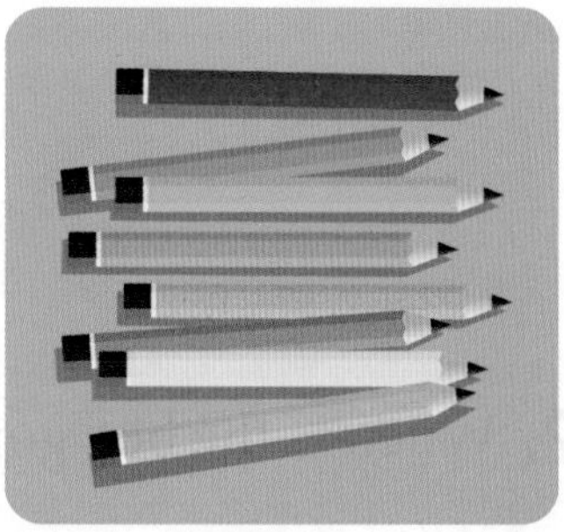

(C)

15. What fruit does the girl like?

(A)

(B)

(C)

Section II

Reading and Writing

Part **A** ***Spell the Words***
5 Questions

Part **B** ***Look and Recognize***
5 Questions

Part **C** ***Look and Respond***
5 Questions

Part **D** ***Read and Retell***
5 Questions

PART A Spell the Words

Directions: Read the words and choose the best letter for each blank.

지시사항 1번에서 2번까지는 빈칸을 알맞게 채워 단어를 완성하는 문제입니다. 가장 알맞은 답을 고르세요.

1.

strawb__ rry

(A) e

(B) a

(C) i

2.

ham__ urger

(A) p

(B) s

(C) b

Directions: Look at the pictures and choose the correctly spelled word.

지시사항 3번부터 5번까지는 그림을 보고, 단어의 철자를 바르게 나열한 것을 고르는 문제입니다.

3.

(A) zebra
(B) zabre
(C) zearb

4.

(A) teolw
(B) tolew
(C) towel

5.

(A) docrot
(B) doctor
(C) docotr

PART B Look and Recognize

Directions: Look at the picture and choose the sentence which best describes the picture.

지시사항 6번부터 10번까지는 그림을 보고, 그림이 묘사하고 있는 상황에 맞는 영어 문장을 고르는 문제입니다.

6.

(A) It's spring.

(B) It's summer.

(C) It's winter.

7.

(A) He is a soccer player.

(B) He is a baseball player.

(C) He is a basketball player.

8.

(A) She likes fruits.

(B) She likes animals.

(C) She likes flowers.

9.

(A) There's a school.

(B) There's a hospital.

(C) There's a library.

10.

(A) He is sleeping.

(B) He is reading.

(C) He is dancing.

PART C Look and Respond

Directions: Look at the picture and choose the best answer to the question.

지시사항 11번부터 15번까지는 그림을 보고, 질문에 답하는 문제입니다. 질문에 가장 알맞은 답을 보기에서 고르세요.

11.

Q: How much is the cake?

(A) three dollars

(B) five dollars

(C) seven dollars

12.

Q: What shape is the window?

(A) circle

(B) triangle

(C) rectangle

13.

Q: What day is it today?

(A) Friday

(B) Thursday

(C) Sunday

14.

Q: What is the girl wearing?

(A) jeans

(B) pants

(C) a dress

15.

Q: How does the boy feel?

(A) He is sad.

(B) He is happy.

(C) He is angry.

PART D Read and Retell

Directions: Read the following passages and choose the best answer.

지시사항 16번부터 20번까지는 글을 보고, 질문에 답하는 문제입니다. 질문에 가장 알맞은 답을 보기에서 고르세요.

For question 16, refer to the following passage.

What am I? I can make wind. I help people to cool down. I have wings that move quickly. You can put me on the desk if I'm small.

16. What am I?

(A) a fan

(B) a pool

(C) a cloud

For question 17~18, refer to the following passage.

It is sunny today. Jackson and Amelia go to the park. Jackson walks his dog and Amelia rides a bicycle. Then they eat ice cream on a bench.

17. What does Jackson do at the park?

(A) He rides a bicycle.

(B) He walks the dog.

(C) He reads a book.

18. What do Jackson and Amelia eat on the bench?

(A) popcorn

(B) cotton candy

(C) ice cream

For question 19~20, refer to the following passage.

David, Sue, and Jasmine go to the same shcool. They enjoy school a lot. David likes painting. Sue likes singing. Jasmine likes English. They are good students.

19. Who likes singing?

(A) David

(B) Sue

(C) Jasmine

20. What does Jasmine like?

(A) art

(B) music

(C) English

Actual Test 3

음원 QR 코드

Section I

Listening and Speaking

Part **A** ***Listen and Recognize***
5 Questions

Part **B** ***Listen and Respond***
5 Questions

Part **C** ***Listen and Retell***
5 Questions

PART A Listen and Recognize

Directions: Listen *TWICE* and choose the right picture.

지시사항 1번부터 3번까지는 영어 단어를 듣고, 그림을 고르는 문제입니다. 문제를 잘 듣고 답을 고르세요. 문제는 **두 번씩** 들려줍니다. A

1.

(A)

(B)

(C)

2.

(A)

(B)

(C)

3.

(A)

(B)

(C)

Directions: Listen *TWICE* and choose the right picture.

지시사항 4번과 5번은 짧은 문장을 듣고, 알맞은 그림을 고르는 문제입니다. 문장을 잘 듣고 답을 고르세요. 문제는 **두 번씩** 들려줍니다.

4.

(A)

(B)

(C)

5.

(A)

(B)

(C)

PART B Listen and Respond

Directions: Listen *TWICE* and choose the best response.

지시사항 6번부터 10번까지는 대화 문제입니다. 문장을 잘 듣고, 뒤에 올 수 있는 말로 가장 알맞은 답을 고르세요. 문제는 **두 번씩** 들려줍니다.

6.

(A) I am going to the park.

(B) I am eating a hamburger.

(C) I am drinking water.

7.

(A) Yes, I like skiing.

(B) Yes, I like hiking.

(C) Yes, I like swimming.

8.

(A) Yes, I do.

(B) Yes, I am.

(C) No, I don't.

9.

(A) That's okay.

(B) Look out!

(C) Goodbye.

10.

(A) It is windy.

(B) It is summer.

(C) It is dark.

PART C Listen and Retell

Directions: Listen *TWICE* and choose the best picture for the question.

지시사항 11번부터 15번까지는 대화를 듣고, 질문에 맞는 그림을 고르는 문제입니다. 두 명의 대화를 잘 듣고, 질문에 알맞은 답을 고르세요. 문제는 **두 번씩** 들려 줍니다. C

11. What does the girl want to buy?

(A)

(B)

(C)

12. Where are they?

(A)

(B)

(C)

13. When is the girl going to the market?

(A)

(B)

(C)

14. Where is Lucy?

(A)

(B)

(C)

15. How old is the girl's brother?

(A)

(B)

(C)

Section II

Reading and Writing

Part **A** ***Spell the Words***
5 Questions

Part **B** ***Look and Recognize***
5 Questions

Part **C** ***Look and Respond***
5 Questions

Part **D** ***Read and Retell***
5 Questions

PART A Spell the Words

Directions: Read the words and choose the best letter for each blank.

지시사항 1번에서 2번까지는 빈칸을 알맞게 채워 단어를 완성하는 문제입니다. 가장 알맞은 답을 고르세요.

1.

__ cean

(A) o

(B) e

(C) u

2.

chee __ e

(A) t

(B) s

(C) p

Directions: Look at the pictures and choose the correctly spelled word.

지시사항 3번부터 5번까지는 그림을 보고, 단어의 철자를 바르게 나열한 것을 고르는 문제입니다.

3.

(A) stutend
(B) student
(C) denttus

4.

(A) chrai
(B) chiar
(C) chair

5.

(A) candy
(B) cyand
(C) daycn

PART B Look and Recognize

Directions: Look at the picture and choose the sentence which best describes the picture.

지시사항 6번부터 10번까지는 그림을 보고, 그림이 묘사하고 있는 상황에 맞는 영어 문장을 고르는 문제입니다.

6.

(A) The girl likes dancing.

(B) The girl likes singing.

(C) The girl likes reading.

7.

(A) The boy has a cap.

(B) The boy has a bag.

(C) The boy has a watch.

8.

(A) Her skirt is red.

(B) Her skirt is blue.

(C) Her skirt is yellow.

9.

(A) The boy is washing his hair.

(B) The boy is washing his face.

(C) The boy is washing his hands.

10.

(A) It's fall.

(B) It's spring.

(C) It's winter.

PART C Look and Respond

Directions: Look at the picture and choose the best answer to the question.

지시사항 11번부터 15번까지는 그림을 보고, 질문에 답하는 문제입니다. 질문에 가장 알맞은 답을 보기에서 고르세요.

11.

Q: How many pencils are there?

(A) four

(B) five

(C) six

12.

Q: Where is the house?

(A) The house is near the sea.

(B) The house is near the river.

(C) The house is near the lake.

13.

Q: What is the boy doing?

(A) He is drinking water.

(B) He is reading a book.

(C) He is playing the piano.

14.

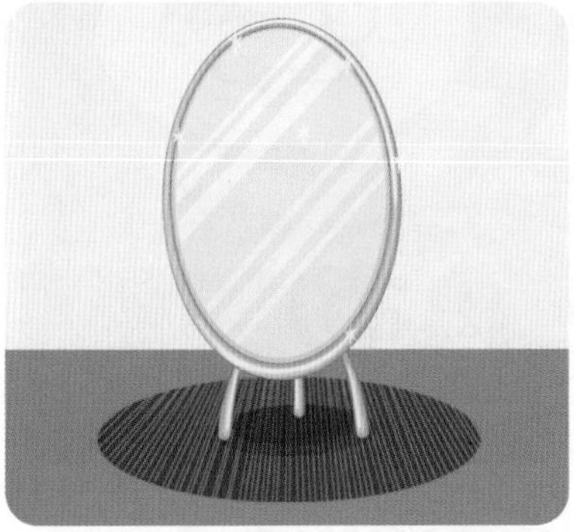

Q: What shape is the mirror?

(A) oval

(B) square

(C) triangle

15.

Q: How old is the girl?

(A) three

(B) five

(C) eight

PART D Read and Retell

Directions: Read the following passages and choose the best answer.

지시사항 16번부터 20번까지는 글을 보고, 질문에 답하는 문제입니다. 질문에 가장 알맞은 답을 보기에서 고르세요.

For question 16, refer to the following passage.

What am I? You can make me with flour. People put cheese and vegetables on me. I am round but you can slice me, too.

16. What am I?

(A) pizza

(B) salad

(C) tomato

For question 17~18, refer to the following passage.

It's my grandfather's birthday today. He is 75 years old. My family goes to my grandfather's house every year. We have a party. I give a birthday card to my grandfather.

17. Whose birthday is it today?

(A) father

(B) mother

(C) grandfather

18. What does the family do?

(A) send a cake

(B) buy a gift

(C) have a party

For question 19~20, refer to the following passage.

My family is at the supermarket now. My dad is looking at a delicious pizza. My mom is buying fruit. My little brother is looking for a new robot toy. My family loves shopping. I love shopping, too.

19. Where is the family?

(A) at a supermarket

(B) at a restaurant

(C) at a toy store

20. What is the dad doing?

(A) buying pizza

(B) eating pizza

(C) looking at pizza

Actual Test 4

음원 QR 코드

Section I

Listening and Speaking

Part A ***Listen and Recognize***
5 Questions

Part B ***Listen and Respond***
5 Questions

Part C ***Listen and Retell***
5 Questions

PART A Listen and Recognize

Directions: Listen *TWICE* and choose the right picture.

지시사항 1번부터 3번까지는 영어 단어를 듣고, 그림을 고르는 문제입니다. 문제를 잘 듣고 답을 고르세요. 문제는 **두 번씩** 들려줍니다. A

1.

(A)

(B)

(C)

2.

(A)

(B)

(C)

3.

(A)

(B)

(C)

Directions: Listen *TWICE* and choose the right picture.

지시사항 4번과 5번은 짧은 문장을 듣고, 알맞은 그림을 고르는 문제입니다. 문장을 잘 듣고 답을 고르세요. 문제는 **두 번씩** 들려줍니다.

4.

(A)

(B)

(C)

5.

(A)

(B)

(C)

PART B Listen and Respond

Directions: Listen *TWICE* and choose the best response.

지시사항 6번부터 10번까지는 대화 문제입니다. 문장을 잘 듣고, 뒤에 올 수 있는 말로 가장 알맞은 답을 고르세요. 문제는 **두 번씩** 들려줍니다. B

6.

(A) I have nine toys.

(B) I am nine years old.

(C) I do homework at nine o'clock.

7.

(A) She is a chef.

(B) She likes English.

(C) She loves music.

8.

(A) Yes, I like chicken.

(B) No, I don't like milk.

(C) Yes, I like steak.

9.

(A) I am going at six.

(B) I am going by bus.

(C) I am going to the station.

10.

(A) Yes, I can.

(B) Yes, I am.

(C) Yes, I do.

PART C Listen and Retell

Directions: Listen *TWICE* and choose the best picture for the question.

지시사항 11번부터 15번까지는 대화를 듣고, 질문에 맞는 그림을 고르는 문제입니다. 두 명의 대화를 잘 듣고, 질문에 알맞은 답을 고르세요. 문제는 **두 번씩** 들려 줍니다.

11. When is the girl's music class?

(A)

(B)

(C)

12. What color does the boy like ?

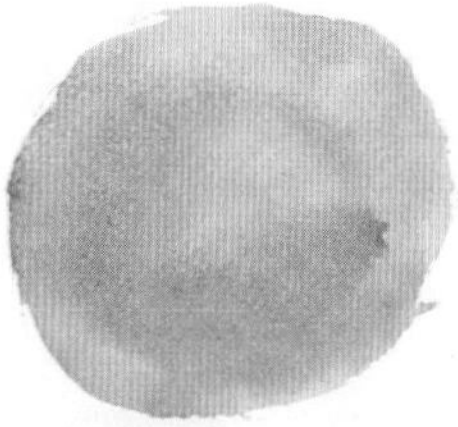

(A)

(B)

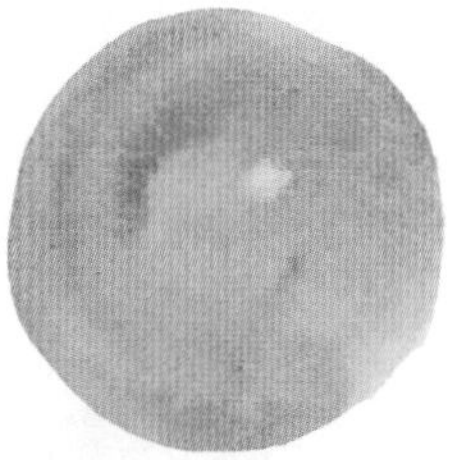

(C)

13. Where are they going?

(A)

(B)

(C)

14. What does the boy want to drink?

(A)

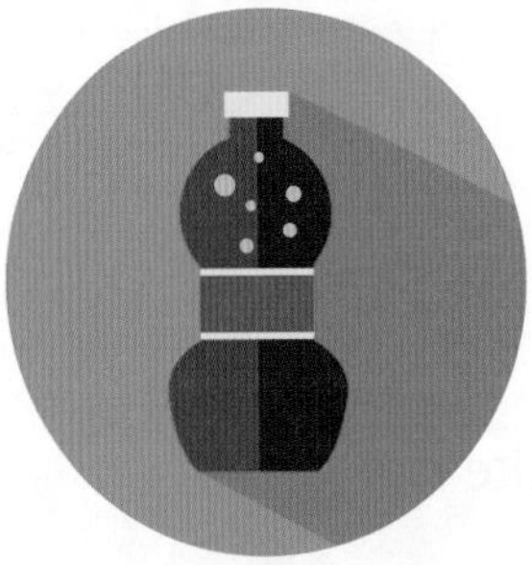

(B)

(C)

15. Where does the boy hurt?

(A)

(B)

(C)

Section II

Reading and Writing

Part **A** ***Spell the Words***
5 Questions

Part **B** ***Look and Recognize***
5 Questions

Part **C** ***Look and Respond***
5 Questions

Part **D** ***Read and Retell***
5 Questions

PART A Spell the Words

Directions: Read the words and choose the best letter for each blank.

지시사항 1번에서 2번까지는 빈칸을 알맞게 채워 단어를 완성하는 문제입니다. 가장 알맞은 답을 고르세요.

1.

ch__ rry

(A) e

(B) i

(C) o

2.

__ ookstore

(A) d

(B) s

(C) b

Directions: Look at the pictures and choose the correctly spelled word.

지시사항 3번부터 5번까지는 그림을 보고, 단어의 철자를 바르게 나열한 것을 고르는 문제입니다.

3.

(A) neesv

(B) venes

(C) seven

4.

(A) monkey

(B) nokeny

(C) onemky

5.

(A) selep

(B) sleep

(C) seelp

PART B Look and Recognize

Directions: Look at the picture and choose the sentence which best describes the picture.

지시사항 6번부터 10번까지는 그림을 보고, 그림이 묘사하고 있는 상황에 맞는 영어 문장을 고르는 문제입니다.

6.

(A) The family is in the car.

(B) The family is in the airplane.

(C) The family is in the train.

7.

(A) The girl likes the fish.

(B) The girl likes the bird.

(C) The girl likes the cat.

8.

(A) This is a card.

(B) This is a present.

(C) This is a letter.

9.

(A) The toys are in the box.

(B) The toys are on the box.

(C) The toys are next to the box.

10.

(A) They are cleaning the garden.

(B) They are cleaning the bathroom.

(C) They are cleaning the classroom.

PART C Look and Respond

Directions: Look at the picture and choose the best answer to the question.

지시사항 11번부터 15번까지는 그림을 보고, 질문에 답하는 문제입니다. 질문에 가장 알맞은 답을 보기에서 고르세요.

11.

Q: What time is it?

(A) It is eight o'clock.

(B) It is nine o'clock.

(C) It is ten o'clock.

12.

Q: What color is the dress?

(A) It is pink.

(B) It is green.

(C) It is black.

13.

Q: How is the weather?

(A) It is sunny.

(B) It is rainy.

(C) It is windy.

14.

Q: How much are the grapes?

(A) five dollars

(B) ten dollars

(C) eight dollars

15.

Q: What is the boy playing?

(A) He is playing soccer.

(B) He is playing baseball.

(C) He is playing tennis.

PART D Read and Retell

Directions: Read the following passages and choose the best answer.

지시사항 16번부터 20번까지는 글을 보고, 질문에 답하는 문제입니다. 질문에 가장 알맞은 답을 보기에서 고르세요.

For question 16, refer to the following passage.

What am I? I smell fresh and sweet. Bees like to sit on me. You have to be careful with me because I have sharp thorns.

16. What am I?

(A) sky

(B) bird

(C) rose

For question 17~18, refer to the following passage.

We are at the movie theater. Tommy is looking at a movie poster. Maria is buying popcorn. I am drinking a Coke. We love watching movies!

17. Where are they now?

(A) at a popcorn store

(B) at a movie theater

(C) at a restaurant

18. What is Maria doing?

(A) buying popcorn

(B) looking at a movie poster

(C) drinking a Coke

For question 19~20, refer to the following passage.

My family goes camping. My dad and I put up the tent. My mom and sister cook food. We can play the board game in the tent. We like to have a barbecue outside. We enjoy camping.

19. Where do they go?

(A) camping

(B) picnic

(C) hiking

20. What can they play?

(A) video game

(B) computer game

(C) board game

Actual Test 5

음원 QR 코드

Section I

Listening and Speaking

Part **A** ***Listen and Recognize***
5 Questions

Part **B** ***Listen and Respond***
5 Questions

Part **C** ***Listen and Retell***
5 Questions

PART A Listen and Recognize

Directions: Listen *TWICE* and choose the right picture.

지시사항 1번부터 3번까지는 영어 단어를 듣고, 그림을 고르는 문제입니다. 문제를 잘 듣고 답을 고르세요. 문제는 **두 번씩** 들려줍니다. A

1.

(A)

(B)

(C)

2.

(A)

(B)

(C)

3.

(A)

(B)

(C)

Directions: Listen *TWICE* and choose the right picture.

지시사항 4번과 5번은 짧은 문장을 듣고, 알맞은 그림을 고르는 문제입니다. 문장을 잘 듣고 답을 고르세요. 문제는 **두 번씩** 들려줍니다.

4.

(A)

(B)

(C)

5.

(A)

(B)

(C)

PART B Listen and Respond

Directions: Listen *TWICE* and choose the best response.

지시사항 6번부터 10번까지는 대화 문제입니다. 문장을 잘 듣고, 뒤에 올 수 있는 말로 가장 알맞은 답을 고르세요. 문제는 **두 번씩** 들려줍니다. B

6.

(A) I want to eat chicken.

(B) I want to play soccer.

(C) I want to read a book .

7.

(A) Yes, I have it.

(B) Yes, I like her.

(C) Yes, I know him.

8.

(A) It is nine o'clock.

(B) It is Thursday.

(C) It is on time.

9.

(A) He loves you.

(B) I am sorry.

(C) It's okay.

10.

(A) I like rain.

(B) I like fall.

(C) I like skiing.

PART C Listen and Retell

Directions: Listen *TWICE* and choose the best picture for the question.

지시사항 11번부터 15번까지는 대화를 듣고, 질문에 맞는 그림을 고르는 문제입니다. 두 명의 대화를 잘 듣고, 질문에 알맞은 답을 고르세요. 문제는 **두 번씩** 들려 줍니다.

11. Who is the girl's dad?

(A)

(B)

(C)

12. Where are they going?

(A)

(B)

(C)

13. How is the weather?

(A)

(B)

(C)

14. What is the boy making?

(A)

(B)

(C)

15. Where is Ava?

(A)

(B)

(C)

Section II

Reading and Writing

Part **A** ***Spell the Words***
5 Questions

Part **B** ***Look and Recognize***
5 Questions

Part **C** ***Look and Respond***
5 Questions

Part **D** ***Read and Retell***
5 Questions

PART A Spell the Words

Directions: Read the words and choose the best letter for each blank.

지시사항 1번에서 2번까지는 빈칸을 알맞게 채워 단어를 완성하는 문제입니다. 가장 알맞은 답을 고르세요.

1.

__ ummer

(A) p

(B) t

(C) s

2.

presen __

(A) d

(B) t

(C) m

Directions: Look at the pictures and choose the correctly spelled word.

지시사항 3번부터 5번까지는 그림을 보고, 단어의 철자를 바르게 나열한 것을 고르는 문제입니다.

3.

(A) balloon

(B) ballnoo

(C) banolol

4.

(A) jactek

(B) jeckat

(C) jacket

5.

(A) hoeus

(B) shoeu

(C) house

PART B Look and Recognize

Directions: Look at the picture and choose the sentence which best describes the picture.

지시사항 6번부터 10번까지는 그림을 보고, 그림이 묘사하고 있는 상황에 맞는 영어 문장을 고르는 문제입니다.

6.

(A) The doll is on the bed.

(B) The doll is under the bed.

(C) The doll is next to the bed.

7.

(A) She is a painter.

(B) She is a teacher.

(C) She is a doctor.

8.

(A) They are carrots.

(B) They are tomatoes.

(C)They are eggplants.

9.

(A) The girl is short.

(B) The boy is short.

(C) They are the same height.

10.

(A) They are eating.

(B) They are cleaning.

(C) They are walking.

PART C Look and Respond

Directions: Look at the picture and choose the best answer to the question.

지시사항 11번부터 15번까지는 그림을 보고, 질문에 답하는 문제입니다. 질문에 가장 알맞은 답을 보기에서 고르세요.

11.

Q: What shape is the box?

(A) triangle

(B) oval

(C) square

12.

Q: How many toys are there?

(A) There are three.

(B) There are four.

(C) There are five.

13.

Q: What are they doing?

(A) They are flying kites.

(B) They are playing badminton.

(C) They are catching butterflies.

14.

Q: What can you see?

(A) a goat

(B) a cow

(C) a rabbit

15.

Q: How does the girl feel?

(A) She is happy.

(B) She is sad.

(C) She is angry.

PART D Read and Retell

Directions: Read the following passages and choose the best answer.

지시사항 16번부터 20번까지는 글을 보고, 질문에 답하는 문제입니다. 질문에 가장 알맞은 답을 보기에서 고르세요.

For question 16, refer to the following passage.

What am I? I have a long nose. I pick up everything with my nose. I have big ears and thick legs. You can see me in hot countries or at the zoo.

16. What am I?

(A) a giraffe

(B) a monkey

(C) an elephant

For question 17~18, refer to the following passage.

My name is Brody. I am eight years old. I have two sisters. My sister Ruby is ten years old. My sister Alice is four years old. I play games with my sisters. I love my sisters.

17. How old is Brody?

(A) four

(B) eight

(C) ten

18. What does Brody do with his sisters?

(A) play games

(B) bring games

(C) find games

For question 19~20, refer to the following passage.

Emma loves Halloween. She is dressing up as a princess this year. Her mom buys a pretty pink dress for her. She is very excited.

19. What is Emma's favorite holiday?

(A) Halloween

(B) Christmas

(C) Thanksgiving

20. What does Emma's mom buy for her?

(A) a princess doll

(B) a pink dress

(C) pretty pants

Appendix

A

airplane	비행기
angry	화난
animal	동물
art	미술, 예술

B

badminton	배드민턴
bag	가방, 봉지
ballet	발레(춤)
balloon	풍선
barbecue	바비큐 (숯불 구이)
bark	멍멍
baseball	야구
basketball	농구
bathroom	화장실
be…years old	…살(세) 이다
beach	해변, 바닷가
beautiful	아름다운
bench	벤치
bicycle	자전거
bike	자전거
bird	새
birthday	생일
birthday card	생일(생신) 카드
black	검은색, 검은색의
board game	보드게임
boat	배, 보트
book	책
bookstore	서점
boring	지루한
box	상자
bread	빵
bring	가져오다
brother	형, 오빠, 남동생

build	만들다, 세우다	chef	요리사
butterfly	나비	cherry	체리, 버찌
buy	사다	chicken	닭, 닭고기
by bus	버스로, 버스를 이용하여	circle	원형, 동그라미, 원
C		class	수업, 교실
cake	케이크	classroom	교실
camping	캠핑	clean	깨끗한; 닦다, 청소하다
candy	사탕	cloud	구름
cap	(앞부분에 챙이 달린) 모자	Coke	콜라
car	승용차	cold	추운, 차가운; 추위, 감기
carrot	당근	computer	컴퓨터
card	카드	cook	요리하다
cat	고양이	cookie	쿠키
catch	잡다	cotton candy	솜사탕
chair	의자	cow	암소, 젖소
cheese	치즈	crayon	크레용
cheeseburger	치즈 버거	cute	귀여운

D

dad	아빠
dance	춤; 춤을 추다
delicious	아주 맛있는, 냄새가 좋은
desk	책상
doctor	의사
dog	개
do homework	숙제를 하다
dollar	$ 달러(미국의 화폐단위)
do the dishes	설거지하다
draw	그리다
dress	원피스, 드레스
drink	음료; 마시다
duck	오리

E

eat	먹다
eggplant	가지
eight	8, 여덟
elephant	코끼리
English	영어
enjoy	즐기다
every day	매일
everyone	모두
every year	해마다

F

face	얼굴
fall	가을, 넘어짐, 폭포 ; 떨어지다, 넘어지다
fan	선풍기
farm	농장, 농원; 농사를 짓다, (동물을) 기르다
February	2월
firefighter	소방관
feel	느낌, 기분; (기분이)들다, 느끼다
find	찾다, 발견하다
fish	물고기

flour	밀가루
flower	꽃
flower shop	꽃가게, 꽃집
flute	플루트
fly	날다, 비행하다; 파리
food	음식
four	4, 넷
Friday	금요일
fresh	신선한
fruit	과일

G

garden	정원
get on	…에 타다
gift	선물
giraffe	기린
gloves	장갑
go	가다
goat	염소
go into	…에 들어가다
goodbye	(작별 인사) 안녕, 안녕히 가세요.
grandfather	할아버지
grape	포도
green	초록색, 초록색의

H

hair	머리(털), 털
hamburger	햄버거
happy	행복한
hard	열심히; 딱딱한
hat	모자
height	키, 높이
help	돕다
here	여기에
hike	등산하다
homework	숙제

horse	말
house	집
how	어떻게
how many	몇 개, 몇 명
hurt	아프다, 다치다; 다친; 상처

I

ice cream	아이스크림
in	…(안)에

J

jacket	재킷
jeans	청바지
juice	주스
jump rope	줄넘기; 줄넘기를 하다

K

kite	연
know	알다, 알고 있다

L

lake	호수
lamp	램프, 등
letter	편지, 글자
library	도서관
like	좋아하다
living room	거실
long	긴
look at	…을 보다
look for	찾다, 구하다, 기대하다
love	사랑하다,(매우) 좋아하다; 사랑

M

make	만들다, 하다, …이 되다
map	지도
market	시장
math	수학
milk	우유
mirror	거울

mom	엄마
Monday	월요일
monkey	원숭이
moo	음매 (소 울음 소리)
mountain	산
movie theater	영화관
music	음악

N

name	이름
near	가까이, 가까운, 거의
need	필요하다; 필요
new	새로운
next to	…(바로) 옆에
nose	코
now	지금
nurse	간호사

O

ocean	바다, 대양
o'clock	…시(정각에)
oink	꿀꿀
old	나이가 …인; 나이 많은
on	…(위)에
orange	오렌지
outside	겉, 밖; 겉에, 밖에
oval	타원형

P

paint	물감; …을 그리다
pants	바지
park	공원
pencil	연필
pencil case	필통
phone	전화기
picnic	소풍
picture	사진

pig	돼지
pineapple	파인애플
pink	분홍색, 분홍색의
pizza	피자
play	놀다, (게임을) 하다
policeman	경찰관
pool	수영장
popcorn	팝콘
poster	포스터, 벽보
present	선물, 현재
purple	보라색
put up	…을 올리다, 세우다

Q

quack	꽥꽥 (오리 울음 소리)

R

rabbit	토끼
rain	비; 비가 오다
rainy	비가 오는
read	읽다
ready	준비가 된
rectangle	직사각형
red	빨간색, 빨간색의
restaurant	식당, 레스토랑
ride	타다
river	강
robot	로봇
rose	장미

S

sad	슬픈
salad	샐러드
same	같다; 같은
Saturday	토요일
school	학교
science	과학

season	계절	slice	얇게 자르다
second grade	2학년	snowman	눈사람
send	보내다	snowy	눈이 많이 내리는
seven	7, 일곱	soccer	축구
shape	모양	socks	양말
sharp	날카로운, 뾰족한	some	조금, 약간
shopping	쇼핑	sorry	미안한, 안된
sick	아픈, 병든	Sounds great.	좋은 생각이네요.
sing	노래하다	spider	거미
sister	언니, 누나, 여동생	sport	스포츠, 운동
six	6, 육, 여섯	spring	봄
skate	스케이트를 타다	square	정사각형
ski	스키를 타다; 스키	stadium	경기장
skirt	스커트, 치마	stand	서다, 서 있다
sky	하늘	station	역, 정거장
sleep	(잠을) 자다; 잠	steak	스테이크
sleepy	졸린, 졸음이 오는		

stomach	배, 위장
stone	돌
store	가게, 저장(보관)하다
strawberry	딸기
student	학생
summer	여름
Sunday	일요일
sunny	화창한
supermarket	슈퍼마켓
sweet	달콤한
swim	수영하다; 수영

T

table	테이블, 탁자, 식탁
take	(사진을) 찍다
tent	텐트
teacher	선생님
teddy bear	곰인형
ten	10, 열, 십
tennis	테니스
Thank you	고마워.
thick	두꺼운
thirsty	목이 마른
thorn	가시
three	3, 셋
truck	트럭
Thursday	목요일
tiger	호랑이
time	시간
tired	피곤한
today	오늘
tomato	토마토
towel	수건
toy	장난감
toy store	장난감 가게

train	기차
triangle	삼각형
truck	트럭

U

under	…(아래)에

V

vase	꽃병
vegetable	채소
very	매우, 아주, 정말

W

walk	걷다, 산책시키다
walk the dog	개를 산책시키다
want	원하다
wash	씻다, 목욕하다, 빨래하다; 빨래
watch	보다; (손목)시계
watermelon	수박
wear	입고(쓰고/신고/끼고/착용하고)있다
weather	날씨, 기상, 일기
Wednesday	수요일
when	언제
where	어디에
window	창문
wind	바람
windy	바람이 부는
wing	날개
winter	겨울
wrong	잘못된, 틀린, (잘못된) 일이 있는

Y

yellow	노란색, 노란색의

Z

zebra	얼룩말

국제영어능력인증시험 (TOSEL)

* 연습을 위한 OMR 카드 샘플입니다.

pre-STARTER

한글이름		감독확인	

수 험 번 호

(1)				—				—								
(2)	0 1 2 3 4 5 6 7 8 9	0 1 2 3 4 5 6 7 8 9	0 1 2 3 4 5 6 7 8 9	—	0 1 2 3 4 5 6 7 8 9	0 1 2 3 4 5 6 7 8 9	0 1 2 3 4 5 6 7 8 9	—	0 1 2 3 4 5 6 7 8 9	0 1 2 3 4 5 6 7 8 9	0 1 2 3 4 5 6 7 8 9	0 1 2 3 4 5 6 7 8 9	0 1 2 3 4 5 6 7 8 9	0 1 2 3 4 5 6 7 8 9			

주의사항

1. 수험번호 및 답안은 검은색 사인펜을 사용해서 <보기>와 같이 표기합니다.
   <보기> 바른표기 : ● 틀린표기 : ✓ ⊗ ⊙ ◑ ◉
2. 수험번호(1)에는 아라비아 숫자로 쓰고, (2)에는 해당란에 ● 표기합니다.
3. 답안 수정은 수정 테이프로 흔적을 깨끗이 지웁니다.
4. 수험번호 및 답안 작성란 이외의 여백에 낙서를 하지 마시기 바랍니다. 이로 인한 불이익은 수험자 본인 책임입니다.
5. 마킹오류로 채점 불가능한 답안은 0점 처리되오니, 이점 유의하시기 바랍니다.

SECTION I

문항	A	B	C	D	문항	A	B	C	D
1	Ⓐ	Ⓑ	Ⓒ	Ⓓ	11	Ⓐ	Ⓑ	Ⓒ	Ⓓ
2	Ⓐ	Ⓑ	Ⓒ	Ⓓ	12	Ⓐ	Ⓑ	Ⓒ	Ⓓ
3	Ⓐ	Ⓑ	Ⓒ	Ⓓ	13	Ⓐ	Ⓑ	Ⓒ	Ⓓ
4	Ⓐ	Ⓑ	Ⓒ	Ⓓ	14	Ⓐ	Ⓑ	Ⓒ	Ⓓ
5	Ⓐ	Ⓑ	Ⓒ	Ⓓ	15	Ⓐ	Ⓑ	Ⓒ	Ⓓ
6	Ⓐ	Ⓑ	Ⓒ	Ⓓ					
7	Ⓐ	Ⓑ	Ⓒ	Ⓓ					
8	Ⓐ	Ⓑ	Ⓒ	Ⓓ					
9	Ⓐ	Ⓑ	Ⓒ	Ⓓ					
10	Ⓐ	Ⓑ	Ⓒ	Ⓓ					

SECTION II

문항	A	B	C	D	문항	A	B	C	D
1	Ⓐ	Ⓑ	Ⓒ	Ⓓ	11	Ⓐ	Ⓑ	Ⓒ	Ⓓ
2	Ⓐ	Ⓑ	Ⓒ	Ⓓ	12	Ⓐ	Ⓑ	Ⓒ	Ⓓ
3	Ⓐ	Ⓑ	Ⓒ	Ⓓ	13	Ⓐ	Ⓑ	Ⓒ	Ⓓ
4	Ⓐ	Ⓑ	Ⓒ	Ⓓ	14	Ⓐ	Ⓑ	Ⓒ	Ⓓ
5	Ⓐ	Ⓑ	Ⓒ	Ⓓ	15	Ⓐ	Ⓑ	Ⓒ	Ⓓ
6	Ⓐ	Ⓑ	Ⓒ	Ⓓ	16	Ⓐ	Ⓑ	Ⓒ	Ⓓ
7	Ⓐ	Ⓑ	Ⓒ	Ⓓ	17	Ⓐ	Ⓑ	Ⓒ	Ⓓ
8	Ⓐ	Ⓑ	Ⓒ	Ⓓ	18	Ⓐ	Ⓑ	Ⓒ	Ⓓ
9	Ⓐ	Ⓑ	Ⓒ	Ⓓ	19	Ⓐ	Ⓑ	Ⓒ	Ⓓ
10	Ⓐ	Ⓑ	Ⓒ	Ⓓ	20	Ⓐ	Ⓑ	Ⓒ	Ⓓ

국제토셀위원회

국제영어능력인증시험 (TOSEL)

* 연습을 위한 OMR 카드 샘플입니다.

pre-STARTER

한글이름		감독확인	

수험번호

(1) ___ – ___ – ___

(2) 0 1 2 3 4 5 6 7 8 9

주의사항

1. 수험번호 및 답안은 검은색 사인펜을 사용해서 <보기>와 같이 표기합니다.
   <보기> 바른표기 : ● 틀린표기 : ✓ ⊗ ⊙ ◑ ◉
2. 수험번호(1)에는 아라비아 숫자로 쓰고, (2)에는 해당란에 ● 표기합니다.
3. 답안 수정은 수정 테이프로 흔적을 깨끗이 지웁니다.
4. 수험번호 및 답안 작성란 이외의 여백에 낙서를 하지 마시기 바랍니다. 이로 인한 불이익은 수험자 본인 책임입니다.
5. 마킹오류로 채점 불가능한 답안은 0점 처리되오니, 이점 유의하시기 바랍니다.

SECTION Ⅰ

문항	A	B	C	D	문항	A	B	C	D
1	Ⓐ	Ⓑ	Ⓒ	Ⓓ	11	Ⓐ	Ⓑ	Ⓒ	Ⓓ
2	Ⓐ	Ⓑ	Ⓒ	Ⓓ	12	Ⓐ	Ⓑ	Ⓒ	Ⓓ
3	Ⓐ	Ⓑ	Ⓒ	Ⓓ	13	Ⓐ	Ⓑ	Ⓒ	Ⓓ
4	Ⓐ	Ⓑ	Ⓒ	Ⓓ	14	Ⓐ	Ⓑ	Ⓒ	Ⓓ
5	Ⓐ	Ⓑ	Ⓒ	Ⓓ	15	Ⓐ	Ⓑ	Ⓒ	Ⓓ
6	Ⓐ	Ⓑ	Ⓒ	Ⓓ					
7	Ⓐ	Ⓑ	Ⓒ	Ⓓ					
8	Ⓐ	Ⓑ	Ⓒ	Ⓓ					
9	Ⓐ	Ⓑ	Ⓒ	Ⓓ					
10	Ⓐ	Ⓑ	Ⓒ	Ⓓ					

SECTION Ⅱ

문항	A	B	C	D	문항	A	B	C	D
1	Ⓐ	Ⓑ	Ⓒ	Ⓓ	11	Ⓐ	Ⓑ	Ⓒ	Ⓓ
2	Ⓐ	Ⓑ	Ⓒ	Ⓓ	12	Ⓐ	Ⓑ	Ⓒ	Ⓓ
3	Ⓐ	Ⓑ	Ⓒ	Ⓓ	13	Ⓐ	Ⓑ	Ⓒ	Ⓓ
4	Ⓐ	Ⓑ	Ⓒ	Ⓓ	14	Ⓐ	Ⓑ	Ⓒ	Ⓓ
5	Ⓐ	Ⓑ	Ⓒ	Ⓓ	15	Ⓐ	Ⓑ	Ⓒ	Ⓓ
6	Ⓐ	Ⓑ	Ⓒ	Ⓓ	16	Ⓐ	Ⓑ	Ⓒ	Ⓓ
7	Ⓐ	Ⓑ	Ⓒ	Ⓓ	17	Ⓐ	Ⓑ	Ⓒ	Ⓓ
8	Ⓐ	Ⓑ	Ⓒ	Ⓓ	18	Ⓐ	Ⓑ	Ⓒ	Ⓓ
9	Ⓐ	Ⓑ	Ⓒ	Ⓓ	19	Ⓐ	Ⓑ	Ⓒ	Ⓓ
10	Ⓐ	Ⓑ	Ⓒ	Ⓓ	20	Ⓐ	Ⓑ	Ⓒ	Ⓓ

국제영어능력인증시험 (TOSEL)

* 연습을 위한 OMR 카드 샘플입니다.

pre-STARTER

한글이름		감독확인	

수 험 번 호

(1)				–				–							
(2)	⓪①②③④⑤⑥⑦⑧⑨	⓪①②③④⑤⑥⑦⑧⑨	⓪①②③④⑤⑥⑦⑧⑨	–	⓪①②③④⑤⑥⑦⑧⑨	⓪①②③④⑤⑥⑦⑧⑨	⓪①②③④⑤⑥⑦⑧⑨	–	⓪①②③④⑤⑥⑦⑧⑨	⓪①②③④⑤⑥⑦⑧⑨	⓪①②③④⑤⑥⑦⑧⑨	⓪①②③④⑤⑥⑦⑧⑨	⓪①②③④⑤⑥⑦⑧⑨	⓪①②③④⑤⑥⑦⑧⑨	

주의사항

1. 수험번호 및 답안은 검은색 사인펜을 사용해서 <보기>와 같이 표기합니다.
   <보기> 바른표기 : ● 틀린표기 : ✓ ⊗ ⊙ ◑ ◎
2. 수험번호(1)에는 아라비아 숫자로 쓰고, (2)에는 해당란에 ● 표기합니다.
3. 답안 수정은 수정 테이프로 흔적을 깨끗이 지웁니다.
4. 수험번호 및 답안 작성란 이외의 여백에 낙서를 하지 마시기 바랍니다. 이로 인한 불이익은 수험자 본인 책임입니다.
5. 마킹오류로 채점 불가능한 답안은 0점 처리되오니, 이점 유의하시기 바랍니다.

SECTION Ⅰ

문항	A	B	C	D	문항	A	B	C	D
1	Ⓐ	Ⓑ	Ⓒ	Ⓓ	11	Ⓐ	Ⓑ	Ⓒ	Ⓓ
2	Ⓐ	Ⓑ	Ⓒ	Ⓓ	12	Ⓐ	Ⓑ	Ⓒ	Ⓓ
3	Ⓐ	Ⓑ	Ⓒ	Ⓓ	13	Ⓐ	Ⓑ	Ⓒ	Ⓓ
4	Ⓐ	Ⓑ	Ⓒ	Ⓓ	14	Ⓐ	Ⓑ	Ⓒ	Ⓓ
5	Ⓐ	Ⓑ	Ⓒ	Ⓓ	15	Ⓐ	Ⓑ	Ⓒ	Ⓓ
6	Ⓐ	Ⓑ	Ⓒ	Ⓓ					
7	Ⓐ	Ⓑ	Ⓒ	Ⓓ					
8	Ⓐ	Ⓑ	Ⓒ	Ⓓ					
9	Ⓐ	Ⓑ	Ⓒ	Ⓓ					
10	Ⓐ	Ⓑ	Ⓒ	Ⓓ					

SECTION Ⅱ

문항	A	B	C	D	문항	A	B	C	D
1	Ⓐ	Ⓑ	Ⓒ	Ⓓ	11	Ⓐ	Ⓑ	Ⓒ	Ⓓ
2	Ⓐ	Ⓑ	Ⓒ	Ⓓ	12	Ⓐ	Ⓑ	Ⓒ	Ⓓ
3	Ⓐ	Ⓑ	Ⓒ	Ⓓ	13	Ⓐ	Ⓑ	Ⓒ	Ⓓ
4	Ⓐ	Ⓑ	Ⓒ	Ⓓ	14	Ⓐ	Ⓑ	Ⓒ	Ⓓ
5	Ⓐ	Ⓑ	Ⓒ	Ⓓ	15	Ⓐ	Ⓑ	Ⓒ	Ⓓ
6	Ⓐ	Ⓑ	Ⓒ	Ⓓ	16	Ⓐ	Ⓑ	Ⓒ	Ⓓ
7	Ⓐ	Ⓑ	Ⓒ	Ⓓ	17	Ⓐ	Ⓑ	Ⓒ	Ⓓ
8	Ⓐ	Ⓑ	Ⓒ	Ⓓ	18	Ⓐ	Ⓑ	Ⓒ	Ⓓ
9	Ⓐ	Ⓑ	Ⓒ	Ⓓ	19	Ⓐ	Ⓑ	Ⓒ	Ⓓ
10	Ⓐ	Ⓑ	Ⓒ	Ⓓ	20	Ⓐ	Ⓑ	Ⓒ	Ⓓ

국제토셀위원회

국제영어능력인증시험 (TOSEL)

* 연습을 위한 OMR 카드 샘플입니다.

pre-STARTER

한글이름		감독확인	

수 험 번 호

(1)				–				–						
(2)	⓪ ① ② ③ ④ ⑤ ⑥ ⑦ ⑧ ⑨	⓪ ① ② ③ ④ ⑤ ⑥ ⑦ ⑧ ⑨	⓪ ① ② ③ ④ ⑤ ⑥ ⑦ ⑧ ⑨	–	⓪ ① ② ③ ④ ⑤ ⑥ ⑦ ⑧ ⑨	⓪ ① ② ③ ④ ⑤ ⑥ ⑦ ⑧ ⑨	⓪ ① ② ③ ④ ⑤ ⑥ ⑦ ⑧ ⑨	–	⓪ ① ② ③ ④ ⑤ ⑥ ⑦ ⑧ ⑨	⓪ ① ② ③ ④ ⑤ ⑥ ⑦ ⑧ ⑨	⓪ ① ② ③ ④ ⑤ ⑥ ⑦ ⑧ ⑨	⓪ ① ② ③ ④ ⑤ ⑥ ⑦ ⑧ ⑨	⓪ ① ② ③ ④ ⑤ ⑥ ⑦ ⑧ ⑨	⓪ ① ② ③ ④ ⑤ ⑥ ⑦ ⑧ ⑨

주의사항

1. 수험번호 및 답안은 검은색 사인펜을 사용해서 <보기>와 같이 표기합니다.
   <보기> 바른표기 : ● 틀린표기 : ✓ ⊗ ⊙ ◑ ◉
2. 수험번호(1)에는 아라비아 숫자로 쓰고, (2)에는 해당란에 ● 표기합니다.
3. 답안 수정은 수정 테이프로 흔적을 깨끗이 지웁니다.
4. 수험번호 및 답안 작성란 이외의 여백에 낙서를 하지 마시기 바랍니다. 이로 인한 불이익은 수험자 본인 책임입니다.
5. 마킹오류로 채점 불가능한 답안은 0점 처리되오니, 이점 유의하시기 바랍니다.

SECTION Ⅰ

문항	A	B	C	D	문항	A	B	C	D
1	Ⓐ	Ⓑ	Ⓒ	Ⓓ	11	Ⓐ	Ⓑ	Ⓒ	Ⓓ
2	Ⓐ	Ⓑ	Ⓒ	Ⓓ	12	Ⓐ	Ⓑ	Ⓒ	Ⓓ
3	Ⓐ	Ⓑ	Ⓒ	Ⓓ	13	Ⓐ	Ⓑ	Ⓒ	Ⓓ
4	Ⓐ	Ⓑ	Ⓒ	Ⓓ	14	Ⓐ	Ⓑ	Ⓒ	Ⓓ
5	Ⓐ	Ⓑ	Ⓒ	Ⓓ	15	Ⓐ	Ⓑ	Ⓒ	Ⓓ
6	Ⓐ	Ⓑ	Ⓒ	Ⓓ					
7	Ⓐ	Ⓑ	Ⓒ	Ⓓ					
8	Ⓐ	Ⓑ	Ⓒ	Ⓓ					
9	Ⓐ	Ⓑ	Ⓒ	Ⓓ					
10	Ⓐ	Ⓑ	Ⓒ	Ⓓ					

SECTION Ⅱ

문항	A	B	C	D	문항	A	B	C	D
1	Ⓐ	Ⓑ	Ⓒ	Ⓓ	11	Ⓐ	Ⓑ	Ⓒ	Ⓓ
2	Ⓐ	Ⓑ	Ⓒ	Ⓓ	12	Ⓐ	Ⓑ	Ⓒ	Ⓓ
3	Ⓐ	Ⓑ	Ⓒ	Ⓓ	13	Ⓐ	Ⓑ	Ⓒ	Ⓓ
4	Ⓐ	Ⓑ	Ⓒ	Ⓓ	14	Ⓐ	Ⓑ	Ⓒ	Ⓓ
5	Ⓐ	Ⓑ	Ⓒ	Ⓓ	15	Ⓐ	Ⓑ	Ⓒ	Ⓓ
6	Ⓐ	Ⓑ	Ⓒ	Ⓓ	16	Ⓐ	Ⓑ	Ⓒ	Ⓓ
7	Ⓐ	Ⓑ	Ⓒ	Ⓓ	17	Ⓐ	Ⓑ	Ⓒ	Ⓓ
8	Ⓐ	Ⓑ	Ⓒ	Ⓓ	18	Ⓐ	Ⓑ	Ⓒ	Ⓓ
9	Ⓐ	Ⓑ	Ⓒ	Ⓓ	19	Ⓐ	Ⓑ	Ⓒ	Ⓓ
10	Ⓐ	Ⓑ	Ⓒ	Ⓓ	20	Ⓐ	Ⓑ	Ⓒ	Ⓓ

국제토셀위원회

국제영어능력인증시험 (TOSEL)

* 연습을 위한 OMR 카드 샘플입니다.

pre-STARTER	한글이름		감독확인	

수험번호

(1)				–				–						
(2)	⓪ ①②③④⑤⑥⑦⑧⑨	⓪ ①②③④⑤⑥⑦⑧⑨	⓪ ①②③④⑤⑥⑦⑧⑨	–	⓪ ①②③④⑤⑥⑦⑧⑨	⓪ ①②③④⑤⑥⑦⑧⑨	⓪ ①②③④⑤⑥⑦⑧⑨	–	⓪ ①②③④⑤⑥⑦⑧⑨	⓪ ①②③④⑤⑥⑦⑧⑨	⓪ ①②③④⑤⑥⑦⑧⑨	⓪ ①②③④⑤⑥⑦⑧⑨	⓪ ①②③④⑤⑥⑦⑧⑨	⓪ ①②③④⑤⑥⑦⑧⑨

주의사항

1. 수험번호 및 답안은 검은색 사인펜을 사용해서 <보기>와 같이 표기합니다.
   <보기> 바른표기 : ● 틀린표기 : ⓥ ⓧ ⊙ ◑ ◎
2. 수험번호(1)에는 아라비아 숫자로 쓰고, (2)에는 해당란에 ● 표기합니다.
3. 답안 수정은 수정 테이프로 흔적을 깨끗이 지웁니다.
4. 수험번호 및 답안 작성란 이외의 여백에 낙서를 하지 마시기 바랍니다. 이로 인한 불이익은 수험자 본인 책임입니다.
5. 마킹오류로 채점 불가능한 답안은 0점 처리되오니, 이점 유의하시기 바랍니다.

SECTION Ⅰ

문항	A	B	C	D	문항	A	B	C	D
1	Ⓐ	Ⓑ	Ⓒ	Ⓓ	11	Ⓐ	Ⓑ	Ⓒ	Ⓓ
2	Ⓐ	Ⓑ	Ⓒ	Ⓓ	12	Ⓐ	Ⓑ	Ⓒ	Ⓓ
3	Ⓐ	Ⓑ	Ⓒ	Ⓓ	13	Ⓐ	Ⓑ	Ⓒ	Ⓓ
4	Ⓐ	Ⓑ	Ⓒ	Ⓓ	14	Ⓐ	Ⓑ	Ⓒ	Ⓓ
5	Ⓐ	Ⓑ	Ⓒ	Ⓓ	15	Ⓐ	Ⓑ	Ⓒ	Ⓓ
6	Ⓐ	Ⓑ	Ⓒ	Ⓓ					
7	Ⓐ	Ⓑ	Ⓒ	Ⓓ					
8	Ⓐ	Ⓑ	Ⓒ	Ⓓ					
9	Ⓐ	Ⓑ	Ⓒ	Ⓓ					
10	Ⓐ	Ⓑ	Ⓒ	Ⓓ					

SECTION Ⅱ

문항	A	B	C	D	문항	A	B	C	D
1	Ⓐ	Ⓑ	Ⓒ	Ⓓ	11	Ⓐ	Ⓑ	Ⓒ	Ⓓ
2	Ⓐ	Ⓑ	Ⓒ	Ⓓ	12	Ⓐ	Ⓑ	Ⓒ	Ⓓ
3	Ⓐ	Ⓑ	Ⓒ	Ⓓ	13	Ⓐ	Ⓑ	Ⓒ	Ⓓ
4	Ⓐ	Ⓑ	Ⓒ	Ⓓ	14	Ⓐ	Ⓑ	Ⓒ	Ⓓ
5	Ⓐ	Ⓑ	Ⓒ	Ⓓ	15	Ⓐ	Ⓑ	Ⓒ	Ⓓ
6	Ⓐ	Ⓑ	Ⓒ	Ⓓ	16	Ⓐ	Ⓑ	Ⓒ	Ⓓ
7	Ⓐ	Ⓑ	Ⓒ	Ⓓ	17	Ⓐ	Ⓑ	Ⓒ	Ⓓ
8	Ⓐ	Ⓑ	Ⓒ	Ⓓ	18	Ⓐ	Ⓑ	Ⓒ	Ⓓ
9	Ⓐ	Ⓑ	Ⓒ	Ⓓ	19	Ⓐ	Ⓑ	Ⓒ	Ⓓ
10	Ⓐ	Ⓑ	Ⓒ	Ⓓ	20	Ⓐ	Ⓑ	Ⓒ	Ⓓ

국제토셀위원회

TOSEL Lab 에는 어떤 콘텐츠가 있나요?

진단
맞춤형 레벨테스트로
정확한 평가 제공

응시자 빅데이터 분석에 기반한 테스트로 신규 상담 학생의 영어능력을 정확하게 진단하고 효과적인 영어 교육을 실시하기 위한 객관적인 가이드라인을 제공합니다.

교재
세분화된 레벨로
실력에 맞는 학습 제공

TOSEL의 세분화된 교재 레벨은 각 연령에 맞는 어휘와 읽기 지능 및 교과 과정과의 연계가 가능하도록 설계된 교재들로 효과적인 학습 커리큘럼을 제공합니다.

학습
다양한 교재연계 콘텐츠로
효과적인 자기주도학습

TOSEL 시험을 대비한 다양한 콘텐츠를 제공해 영어 학습에 시너지 효과를 기대할 수 있으며, 학생들의 자기주도 학습 습관을 더 탄탄하게 키울 수 있습니다.

Reading Series

내신과 **토셀 고득점**을 한꺼번에

Pre-Starter | Starter | Basic | Junior | High-Junior

- 각 단원 학습 도입부에 주제와 관련된 이미지를 통한 말하기 연습
- 각 Unit 별 4-6개의 목표 단어 제시, 그림 또는 영문으로 단어 뜻을 제공하여 독해 학습 전 단어 숙지
- 독해&실용문 연습을 위한 지문과 Comprehension 문항을 10개씩 수록하여 이해도 확인 및 진단
- 숙지한 독해 지문을 원어민 음성으로 들으며 듣기 학습 , 듣기 전, 듣기 중, 듣기 후 학습 커리큘럼 마련

Listening Series

한국 학생들에게 최적화된 듣기 실력 완성!

Pre-Starter | Starter | Basic | Junior | High-Junior

- 초등 / 중등 교과과정 연계 말하기&듣기 학습과 세분화된 레벨
- TOSEL 기출 문장과 실생활에 자주 활용되는 문장 패턴을 통해 듣기 및 말하기 학습
- 실제 TOSEL 지문의 예문을 활용한 실용적 학습 제공
- 실전 감각 향상과 점검을 위한 기출 문제 수록

Speaking Series
출간예정

Grammar Series

체계적인 단계별 **문법 지침서**

Pre-Starter | Starter | Basic | Junior | High-Junior

- 초등 / 중등 교과과정 연계 문법 학습과 세분화된 레벨
- TOSEL 기출 문제 연습과 최신 수능 출제 문법을 포함하여 수능 / 내신 대비 가능
- 이해하기 쉬운 그림, 깔끔하게 정리된 표와 설명, 다양한 문제를 통해 문법 학습
- 실전 감각 향상과 점검을 위한 기출 문제 수록

Voca Series

학년별 꼭 알아야하는 **단어 수록!**

Pre-Starter | Starter | Basic | Junior | High-Junior

- 각 단어 학습 도입부에 주제와 관련된 이미지를 통한 말하기 연습
- TOSEL 시험을 기준으로 빈출 지표를 활용한 예문과 문제 구성
- 실제 TOSEL 지문의 예문을 활용한 실용적 학습 제공
- 실전 감각 향상과 점검을 위한 실전 문제 수록

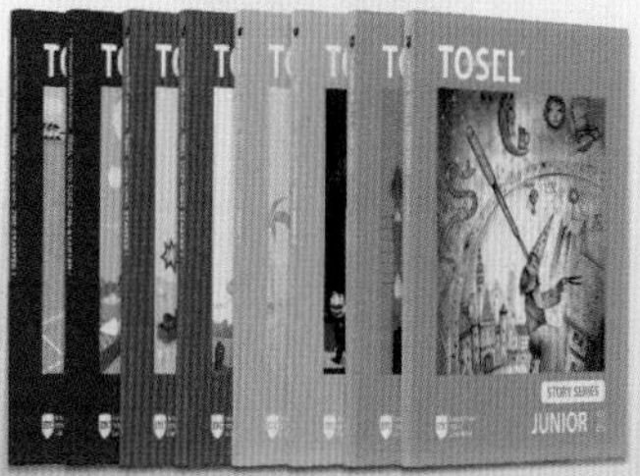

Story Series

읽는 재미에 실력까지 **동시에!**

Pre-Starter | Starter | Basic | Junior

- 초등 / 중등 교과과정 연계 영어 학습과 세분화된 레벨
- 이야기 지문과 단어를 함께 연결지어 학생들의 독해 능력을 평가
- 이해하기 쉬운 그림, 깔끔하게 정리된 표와 설명, 다양한 문제, 재미있는 스토리를 통한 독해 학습
- 다양한 단계의 문항을 풀어보고 학생들의 읽기, 듣기, 쓰기, 말하기 실력을 집중적으로 향상

ITC 국제토셀위원회

TOSEL 예상문제집

PRE-STARTER

정답 및 해설

국제 토셀 위원회

TOSEL®
예상문제집

PRE-STARTER
정답 및 해설

TOSEL PRE-STARTER

실전 1회

Section I Listening and Speaking

1 (C)	2 (B)	3 (A)	4 (B)	5 (C)
6 (A)	7 (A)	8 (C)	9 (A)	10 (A)
11 (A)	12 (B)	13 (A)	14 (B)	15 (A)

Section II Reading and Writing

1 (B)	2 (C)	3 (B)	4 (A)	5 (C)
6 (B)	7 (A)	8 (C)	9 (A)	10 (B)
11 (B)	12 (C)	13 (C)	14 (A)	15 (B)
16 (C)	17 (B)	18 (A)	19 (C)	20 (B)

SECTION I LISTENING AND SPEAKING

PART A. Listen and Recognize (p.11)

1. Boy: orange
   (C)

해석 소년: 오렌지
풀이 오렌지 그림 (C)가 정답이다.
Words and Phrases orange 오렌지

2. Girl: elephant
   (B)

해석 소녀: 코끼리
풀이 코끼리 그림 (B)가 정답이다.
Words and Phrases elephant 코끼리

3. Boy: green
   (A)

해석 소년: 초록색
풀이 초록색 그림 (A)가 정답이다.
Words and Phrases green 초록색, 초록색의

4. Girl: The girl is taking a picture.
   (B)

해석 소녀: 소녀는 사진을 찍고 있다.
풀이 소녀가 사진을 찍고 있는 그림 (B)가 정답이다.
Words and Phrases take (사진을) 찍다 picture 사진

5. Boy: The boy is riding a bike.
   (C)

해석 소년: 소년은 자전거를 타고 있다.
풀이 소년이 자전거를 타는 그림 (C)가 정답이다.
Words and Phrases ride 타다 bike 자전거

PART B. Listen and Respond (p.13)

6. Girl: What time is it now?
   Boy: ________________
   (A) It's 8 o'clock.
   (B) It's on the desk.
   (C) It's Monday.

해석 소녀: 지금 몇 시니?
소년: ________________
(A) 8시야.
(B) 그것은 책상 위에 있어.
(C) 월요일이야.
풀이 지금이 몇 시인지 묻는 질문에 8시라고 시간으로 대답하는 (A)가 정답이다.
Words and Phrases time 시간 now 지금 o'clock …시(정각에) on …(위)에 desk 책상 Monday 월요일

7. Boy: Do you want some pizza?
   Girl: ________________
   (A) Yes, I do.
   (B) Yes, I am.
   (C) Yes, I can.

해석 소년: 너 피자 먹을래?
소녀: ________________
(A) 일반 동사 긍정문 (1 · 2인칭 단 · 복수형, 3인칭 복수형)
(B) be 동사 긍정문 (1인칭 단수형)
(C) 조동사 can 긍정문
풀이 일반동사 의문문 'do'로 물어보는 질문에 일반동사 긍정문으로 대답하는 (A)가 정답이다.
Words and Phrases want 원하다 some 조금, 약간 pizza 피자

8. Girl: How are you doing?
   Boy: ________________
   (A) I'm going.
   (B) I'm 7 years old.
   (C) I'm good.

해석 소녀: 어떻게 지내?
소년: ________________
(A) 나는 가고 있어.
(B) 나는 7살이야.
(C) 나는 잘 지내.
풀이 어떻게 지내는지 소녀의 질문에 잘 지낸다고 기분을 얘기하는 (C)가 정답이다.
Words and Phrases how 어떻게, 얼마나 be years old …살(세) 이다

9. Boy: How's the weather?
Girl: ________________
(A) It's raining.
(B) It's purple.
(C) It's cute.

해석 소년: 날씨가 어때?
소녀: ________________
(A) 비가 와.
(B) 보라색이야.
(C) 귀여워.

풀이 날씨를 물어보는 말에 비가 온다고 대답하는 (A)가 정답이다.

Words and Phrases weather 날씨, 기상, 일기 rain 비; 비가 오다 purple 보라색 cute 귀여운

10. Girl: Happy birthday, Jason!
Boy: ________________
(A) Thank you.
(B) Goodbye.
(C) Me, too.

해석 소녀: Jason, 생일 축하해!
소년: ________________
(A) 고마워.
(B) 안녕.
(C) 나도.

풀이 생일을 축하해주는 소녀의 말에 고맙다고 응대하는 (A)가 정답이다.

Words and Phrases happy 행복한 birthday 생일

PART C. Listen and Retell (p.15)

11. Boy: Where are you going?
Girl: I am going to the library.
Question: Where is the girl going?
(A)

해석 소년: 너는 어디에 가고 있니?
소녀: 나는 도서관에 가고 있어.
질문: 소녀는 어디로 가고 있나요?

풀이 어디로 가는지 묻는 소년의 질문에 소녀가 도서관에 간다고 대답했으므로 정답은 (A)다.

Words and Phrases where 어디에 library 도서관

12. Girl: Do you like sports?
Boy: Yes, I like baseball.
Question: What sport does the boy like?
(B)

해석 소녀: 너는 운동을 좋아하니?
소년: 응, 나는 야구를 좋아해.
질문: 소년이 좋아하는 운동은 무엇인가요?

풀이 소년이 야구를 좋아한다고 답했으므로 정답은 (B)다.

Words and Phrases like 좋아하다 sport 스포츠, 운동 baseball 야구

13. Boy: Where is my pencil case?
Girl: It is on your chair.
Question: Where is the boy's pencil case?
(A)

해석 소년: 내 필통이 어디에 있지?
소녀: 그것은 네 의자 위에 있어.
질문: 소년의 필통은 어디에 있나요?

풀이 필통을 찾는 소년의 질문에 소녀가 의자 위에 있다고 했으므로 (A)가 정답이다.

Words and Phrases pencil case 필통 chair 의자

14. Girl: What are you doing?
Boy: I'm looking for my socks.
Question: What is the boy looking for?
(B)

해석 소녀: 무엇을 하고 있니?
소년: 내 양말을 찾고 있어.
질문: 소년은 무엇을 찾고 있나요?

풀이 무엇을 하고 있는지 묻는 소녀의 말에 소년이 양말을 찾고 있다고 했으므로 정답은 (B)다.

Words and Phrases look for 찾다 socks 양말

15. Boy: I want a hamburger and a Coke.
Girl: I want a cheeseburger.
Question: Where are the boy and the girl?
(A)

해석 소년: 난 햄버거와 콜라를 원해.
소녀: 나는 치즈버거를 원해.
질문: 소년과 소녀는 어디에 있나요?

풀이 소년과 소녀가 햄버거, 콜라, 치즈 버거를 원한다고 했으므로 햄버거 가게 그림 (A)가 정답이다.

Words and Phrases hamburger 햄버거 Coke 콜라 cheeseburger 치즈 버거

SECTION II READING AND WRITING

Part A. Spell the Words (p.18)

1. _ineapple
(A) f
(B) p
(C) b

풀이 '파인애플'을 뜻하는 영어단어의 철자는 'pineapple'은 이므로 (B)가 정답이다.

Words and Phrases pineapple 파인애플

2. moun_ain
(A) d
(B) s

(C) t

풀이 '산'을 뜻하는 영어단어의 철자는 'mountain'이므로 (C)가 정답이다.

Words and Phrases mountain 산

3. (A) herso
   (B) horse
   (C) roehs

해석 (A) herso
   (B) horse (말)
   (C) roehs

풀이 '말'을 뜻하는 영어단어 'horse'의 철자를 올바르게 나열한 (B)가 정답이다.

Words and Phrases horse 말

4. **(A) gloves**
   (B) golves
   (C) gelovs

해석 **(A) gloves**
   (B) golves
   (C) gelovs

풀이 '장갑'을 뜻하는 'gloves'의 철자를 올바르게 나열한 (A)가 정답이다.

Words and Phrases gloves 장갑

5. (A) taecher
   (B) heatcer
   (C) teacher

해석 (A) taecher
   (B) heatcer
   (C) teacher (선생님)

풀이 '선생님'을 뜻하는 'teacher'의 철자를 올바르게 나열한 (C)가 정답이다.

Words and Phrases teacher 선생님

Part B. Look and Recognize (p.20)

6. (A) The girl is eating.
   (B) The girl is cooking.
   (C) The girl is doing the dishes.

해석 (A) 소녀는 먹고 있다.
   (B) 소녀는 요리하고 있다.
   (C) 소녀는 설거지를 하고 있다.

풀이 소녀가 요리를 하고 있으므로 (B)가 정답이다.

Words and Phrases eat 먹다 cook 요리하다 do the dishes 설거지하다

7. **(A) A computer is on the table.**
   (B) A computer is under the chair.
   (C) A computer is in the box.

해석 (A) 컴퓨터가 탁자 위에 있다.
   (B) 컴퓨터가 의자 아래에 있다.
   (C) 컴퓨터가 상자 안에 있다.

풀이 컴퓨터가 탁자 위에 있으므로 (A)가 정답이다.

Words and Phrases computer 컴퓨터 on …(위)에 chair 의자 table 탁자, 식탁 under …(아래)에 box 상자

8. (A) The boy is going to school.
   (B) The boy is doing homework.
   (C) The boy is walking his dog.

해석 (A) 소년은 학교에 가고 있다.
   (B) 소년은 숙제를 하고 있다.
   (C) 소년은 개를 산책시키고 있다.

풀이 소년이 개를 산책시키고 있으므로 (C)가 정답이다.

Words and Phrases school 학교 do homework 숙제를 하다 walk 걷다, 산책시키다 dog 개

9. (A) He is riding a bike.
   (B) He is jumping rope.
   (C) He is playing soccer.

해석 (A) 그는 자전거를 타고 있다.
   (B) 그는 줄넘기를 하고 있다.
   (C) 그는 축구를 하고 있다.

풀이 소년이 자전거를 타고 있으므로 (A)가 정답이다.

Words and Phrases ride …을 타다 bike 자전거 jump rope 줄넘기; 줄넘기를 하다 soccer 축구

10. (A) They are in the train.
   (B) They are in the boat.
   (C) They are in the airplane.

해석 (A) 그들은 기차 안에 있다.
   (B) 그들은 보트 안에 있다.
   (C) 그들은 비행기 안에 있다.

풀이 그림에서 여자와 남자가 보트 안에 있으므로 (B)가 정답이다.

Words and Phrases in …(안)에 train 기차 boat 배, 보트 airplane 비행기

Part C. Look and Respond (p.22)

11. Q: What sport does the boy do?
   (A) badminton
   (B) skating
   (C) skiing

해석 질문: 소년은 무슨 운동을 하나요?
   (A) 배드민턴
   (B) 스케이트
   (C) 스키

풀이 소년이 스케이트를 타고 있으므로 (B)가 정답이다.

Words and Phrases badminton 배드민턴 skate 스케이트를 타다 ski 스키를 타다

12. Q: What time is it now?

(A) It's seven o'clock.
(B) It's three o'clock.
(C) It's eight o'clock.

해석 질문: 몇 시인가요?
(A) 7시다.
(B) 3시다.
(C) 8시다.

풀이 시계의 작은 바늘이 숫자 8시를 향해 가리키고 있으므로 (C)가 정답이다.

Words and Phrases seven 7, 일곱 three 3, 셋 eight 8, 여덟

13. Q: How does the girl feel?
(A) She is happy.
(B) She is beautiful.
(C) She is sad.

해석 질문: 소녀의 기분이 어떤가요?
(A) 그녀는 행복하다.
(B) 그녀는 아름답다.
(C) 그녀는 슬프다.

풀이 소녀가 울고 있어 슬프다는 것을 알 수 있으므로 (C)가 정답이다.

Words and Phrases feel 느낌, 기분; (기분이) 들다, 느끼다
beautiful 아름다운 sad 슬픈

14. Q: How is the weather?
(A) It's snowy.
(B) It's rainy.
(C) It's sunny.

해석 질문: 날씨가 어떤가요?
(A) 눈이 온다.
(B) 비가 온다.
(C) 화창하다.

풀이 눈이 오고 있으므로 (A)가 정답이다.

Words and Phrases snowy 눈이 내리는 rainy 비가 오는
sunny 화창한

15. Q: What is the girl doing?
(A) She is singing.
(B) She is doing ballet.
(C) She is playing the piano.

해석 질문: 소녀는 무엇을 하고 있나요?
(A) 그녀는 노래를 부르고 있다.
(B) 그녀는 발레를 하고 있다.
(C) 그녀는 피아노를 치고 있다.

풀이 소녀가 발레를 하고 있으므로 (B)가 정답이다.

Words and Phrases sing 노래하다 ballet 발레

PART D. Read and Retell (p.24)

[16]

> What am I? You can take me everywhere. You use me to make a call. I can send a message to your friends, too.

16. What am I?
(A) a map
(B) a lamp
(C) a phone

해석 나는 무엇일까? 너는 나를 어디든 가지고 갈 수 있다. 너는 나를 전화를 걸 때 사용한다. 나는 너의 친구들에게 메시지를 보낼 수도 있다.

16. 나는 무엇일까?
(A) 지도
(B) 램프(등)
(C) 전화기

풀이 전화를 걸 때 사용한다고 한 것으로 보아 전화기라는 것을 유추할 수 있으므로 (C)가 정답이다.

Words and Phrases everywhere 어디든지 make a call 전화를 걸다
send 보내다 map 지도 lamp 램프(등)

[17-18]

> My family is at the park. My dad and I are playing baseball. My sister, Susie, is eating ice cream on the bench. My mom is reading a book. We all have fun.

17. Where are they?
(A) in the stadium
(B) at the park
(C) in the library

18. What sport is the dad playing?
(A) baseball
(B) soccer
(C) basketball

해석 우리 가족은 공원에 있다. 아빠와 나는 야구를 하고 있다. 언니/누나/여동생 Susie는 벤치 위에서 아이스크림을 먹고 있다. 엄마는 책을 읽고 있다. 우리는 모두 즐거운 시간을 보낸다.

17. 그들은 어디에 있나요?
(A) 경기장에
(B) 공원에
(C) 도서관에

18. 아빠는 공원에서 어떤 운동을 하고 있나요?
(A) 야구
(B) 축구

(C) 농구

풀이 첫 문장에서 공원에 있다고 했으므로 17번의 정답은 (B)다. 아빠와 글쓴이가 야구를 한다고 했으므로 18번의 정답은 (A)다.

Words and Phrases park 공원 dad 아빠 ice cream 아이스크림 mom 엄마 read 읽다 book 책 stadium 경기장 library 도서관 basketball 농구 soccer 축구

[19-20]

My name is Joshua. I am in the second grade. I like math and art. They are fun. I like to draw pictures. I don't like science. It's boring.

19. What class is boring?

(A) math

(B) art

(C) science

20. What does Joshua like?

(A) music

(B) art

(C) English

해석 내 이름은 Joshua다. 나는 2학년이다. 나는 수학과 미술을 좋아한다. 그것들은 재미있다. 나는 그림 그리는 것을 좋아한다. 나는 과학을 좋아하지 않는다. 그것은 지루하다.

19. 어떤 수업이 지루하나요?

(A) 수학

(B) 미술

(C) 과학

20. Joshua가 좋아하는 것은 무엇인가요?

(A) 음악

(B) 미술

(C) 영어

풀이 과학이 지루해서 좋아하지 않는다고 했으므로 19번의 답은 (C)다. Joshua가 수학과 미술을 좋아한다고 했으므로 20번의 정답은 (B)다.

Words and Phrases name 이름 second grade 2학년 math 수학 art 미술, 예술 science 과학 class 수업, 교실 boring 지루한 music 음악 draw 그리다 picture 그림

실전2회

Section I Listening and Speaking

1 (B)	2 (A)	3 (A)	4 (C)	5 (B)
6 (B)	7 (A)	8 (C)	9 (B)	10 (B)
11 (C)	12 (C)	13 (A)	14 (B)	15 (C)

Section II Reading and Writing

1 (A)	2 (C)	3 (A)	4 (C)	5 (B)
6 (C)	7 (C)	8 (C)	9 (A)	10 (C)
11 (B)	12 (C)	13 (B)	14 (C)	15 (B)
16 (A)	17 (B)	18 (C)	19 (B)	20 (C)

SECTION I LISTENING AND SPEAKING

Part A. Listen and Recognize (p.29)

1. Boy: flute

(B)

해석 소년: 플루트

풀이 플루트 그림 (B)가 정답이다.

Words and Phrases flute 플루트

2. Girl: cow

(A)

해석 소녀: 암소, 젖소

풀이 암소 그림 (A)가 정답이다.

Words and Phrases cow 암소, 젖소

3. Boy: cake

(A)

해석 소년: 케이크

풀이 케이크 그림 (A)가 정답이다.

Words and Phrases cake 케이크

4. Girl: The flower is in the vase.

(C)

해석 소녀: 꽃이 꽃병 안에 있다.

풀이 꽃 한 송이가 꽃병 안에 있는 그림 (C)가 정답이다.

Words and Phrases flower 꽃 vase 꽃병

5. Boy: The boys are building a snowman.

(B)

해석 소년: 소년들이 눈사람을 만들고 있다.

풀이 소녀들이 눈사람을 만드는 그림 (B)가 정답이다.
Words and Phrases build 만들다, 세우다 snowman 눈사람

PART B. Listen and Respond (p.31)

6. Girl: Can monkeys read?
Boy: ________________
(A) No, they don't.
(B) No, they can't.
(C) No, they aren't.
해석 소녀: 원숭이는 읽을 수 있어?
소년: ________________
(A) 일반 동사 부정문 (1 · 2인칭 단 · 복수형, 3인칭 복수형)
(B) 조동사 can 부정문
(C) be 동사 부정문
풀이 can 의문문으로 원숭이가 읽을 수 있는지 능력을 물어보는 질문에 can 부정문으로 하지 못한다고 답하는 (B)가 정답이다.
Words and Phrases monkey 원숭이 read 읽다

7. Boy: What's wrong with you?
Girl: ________________
(A) I have a cold.
(B) It is not long.
(C) No, thank you.
해석 소년: 무슨 안 좋은 일이 있니?
소녀: ________________
(A) 나는 감기에 걸렸어.
(B) 그것은 길지 않아.
(C) 아니, 고마워.
풀이 소녀를 걱정하며 물어보는 말에 감기에 걸렸다고 대답하는 (A)가 정답이다.
Words and Phrases wrong 잘못된, 틀린, (잘못된)일이 있는
cold 추운, 차가운; 추위, 감기 long 긴

8. Girl: Do you want some cookies?
Boy: ________________
(A) Yes, I can.
(B) Yes, I am.
(C) Yes, I do.
해석 소녀: 쿠키 좀 먹을래?
소년: ________________
(A) 조동사 can 긍정문
(B) be동사 긍정문 (1인칭 단수형)
(C) 일반동사 긍정문 (1 · 2인칭 단 · 복수형, 3인칭 복수형)
풀이 일반동사 의문문 'do'로 물어보는 질문에 일반동사 긍정문으로 대답하는 (C)가 정답이다.
Words and Phrases cookie 쿠키

9. Boy: What day is it today?
Girl: ________________
(A) It's February.
(B) It's Saturday.
(C) It's seven o'clock.
해석 소년: 오늘은 무슨 요일이니?
소녀: ________________
(A) 2월이야.
(B) 토요일이야.
(C) 7시야.
풀이 요일을 물어보는 소년의 질문에 토요일이라고 대답하는 (B)가 정답이다.
Words and Phrases today 오늘 February 2월 Saturday 토요일

10. Girl: Do you have a crayon?
Boy: ________________
(A) Yes, I am.
(B) Yes, here you go.
(C) Yes, it does.
해석 소녀: 너 크레용이 있니?
소년: ________________
(A) be동사 긍정문 (1인칭 단수형)
(B) 여기 있어.
(C) 일반동사 긍정문 (3인칭 단수형)
풀이 크레용이 있는지 물어보는 소녀의 말에 여기 있다면서 물건을 줄 때 쓰는 표현으로 대답한 (B)가 정답이다.
Words and Phrases crayon 크레용 here 여기에

PART C. Listen and Retell (p.33)

11. Boy: Are you busy?
Girl: Yes, I am doing my homework.
Question: What is the girl doing?
(C)
해석 소년: 바쁘니?
소녀: 응, 숙제를 하고 있어.
질문: 소녀는 무엇을 하고 있나요?
풀이 바쁘냐고 묻는 소년의 질문에 소녀가 숙제를 한다고 대답했으므로 (C)가 정답이다.
Words and Phrases homework 숙제

12. Girl: When are you going to the library?
Boy: At one o'clock.
Question: When is the boy going to the library?
(C)
해석 소녀: 너는 도서관에 언제 가니?
소년: 1시에.
질문: 소년은 도서관에 언제 가나요?
풀이 도서관에 언제 가는지 묻는 소녀의 말에 소년이 1시에 간다고 대답했으므로 정답은 (C)다.
Words and Phrases when 언제 library 도서관 o'clock …시(정각에)

13. Man: How can I help you?
Girl: I am looking for a hat.
Question: Where is the girl?
(A)
해석 남자: 어떻게 도와드릴까요?
소녀: 모자를 찾는 중이에요.
질문: 소녀는 어디에 있나요?
풀이 소녀가 모자를 찾는다고 한 것으로 보아 소녀가 옷 가게에 있음을 유추할 수 있으므로 정답은 (A)다.
Words and Phrases help 돕다 hat 모자

14. Girl: Do you have any pencils?
Boy: Yes, I have two.
Question: How many pencils does the boy have?
(B)
해석 소녀: 연필이 있니?
소년: 응, 두 자루가 있어.
질문: 소년은 연필 몇 자루가 있나요?
풀이 소년이 연필 두 자루가 있다고 했으므로 정답은 (B)다.
Words and Phrases how many 몇 개, 몇 명

15. Boy: I love apples.
Girl: I like apples, too.
Question: What fruit does the girl like?
(C)
해석 소년: 나는 사과를 매우 좋아해.
소녀: 나도 사과를 좋아해.
질문: 소녀는 어떤 과일을 좋아하나요?
풀이 사과를 매우 좋아한다는 소년의 말에 소녀도 좋아한다고 했으므로 정답은 (C)다.
Words and Phrases love (매우) 좋아하다 fruit 과일 like 좋아하다

SECTION II READING AND WRITING

Part A. Spell the Words (p.36)

1. strawb_rry
(A) e
(B) a
(C) i
풀이 '딸기'를 뜻하는 영어단어의 철자는 'strawberry'이므로 (A)가 정답이다.
Words and Phrases strawberry 딸기

2. ham_urger
(A) p
(B) s
(C) b
풀이 '햄버거'를 뜻하는 영어단어의 철자는 'hamburger'이므로 (C)가 정답이다.

3. (A) zebra
(B) zabre
(C) zearb
해석 (A) zebra (얼룩말)
(B) zabre
(C) zearb
풀이 '얼룩말'을 뜻하는 'zebra'의 철자를 올바르게 나열한 (A)가 정답이다.
Words and Phrases zebra 얼룩말

4. (A) teolw
(B) tolew
(C) towel
해석 (A) teolw
(B) tolew
(C) towel (수건)
풀이 '수건'을 뜻하는 'towel'의 철자를 올바르게 나열한 (C)가 정답이다.
Words and Phrases towel 수건

5. (A) docrot
(B) doctor
(C) docotr
해석 (A) docrot
(B) doctor (의사)
(C) docotr
풀이 '의사'를 뜻하는 'doctor'의 철자를 올바르게 나열한 (B)가 정답이다.
Words and Phrases doctor 의사

Part B. Look and Recognize (p.38)

6. (A) It's spring.
(B) It's summer.
(C) It's winter.
해석 (A) 봄이다.
(B) 여름이다.
(C) 겨울이다.
풀이 아이들이 겨울옷을 입고 눈사람을 만들고 있는 그림으로 겨울이라고 유추할 수 있으므로 정답은 (C)다.
Words and Phrases spring 봄 summer 여름 winter 겨울

7. (A) He is a soccer player.
(B) He is a baseball player.
(C) He is a basketball player.

해석 (A) 그는 축구 선수이다.
(B) 그는 야구 선수이다.
(C) 그는 농구 선수이다.
풀이 소년이 농구공을 가지고 연습하고 있으므로 (C)가 정답이다.
Words and Phrases soccer 축구 baseball 야구 basketball 농구 player 선수

8. (A) She likes fruits.
(B) She likes animals.
(C) She likes flowers.
해석 (A) 그녀는 과일을 좋아한다.
(B) 그녀는 동물을 좋아한다.
(C) 그녀는 꽃을 좋아한다.
풀이 소녀가 꽃을 보고 있으므로 (C)가 정답이다.
Words and Phrases fruit 과일 animal 동물 flower 꽃

9. (A) There's a school.
(B) There's a hospital.
(C) There's a library.
해석 (A) 학교가 있다.
(B) 병원이 있다.
(C) 도서관이 있다.
풀이 선생님과 아이들이 있는 것으로 보아 학교라고 유추할 수 있으므로 정답은 (A)다.
Words and Phrases school 학교 hospital 병원 library 도서관

10. (A) He is sleeping.
(B) He is reading.
(C) He is dancing.
해석 (A) 그는 자고 있다.
(B) 그는 읽고 있다.
(C) 그는 춤추고 있다.
풀이 소년이 춤을 추고 있으므로 (C)가 정답이다.
Words and Phrases sleep (잠을) 자다 read 읽다 dance 춤추다

Part C. Look and Respond (p.40)

11. Q: How much is the cake?
(A) three dollars
(B) five dollars
(C) seven dollars
해석 질문: 케이크는 얼마인가요?
(A) 3달러
(B) 5달러
(C) 7달러
풀이 케이크앞에 '$5'라고 쓰여 있으므로 (B)가 정답이다.
Words and Phrases dollar 달러($; 미국의 화폐단위)

12. Q: What shape is the window?
(A) circle
(B) triangle
(C) rectangle
해석 질문: 창문은 어떤 모양인가요?
(A) 원형
(B) 삼각형
(C) 직사각형
풀이 창문이 직사각형이므로 (C)가 정답이다.
Words and Phrases shape 모양 window 창문 circle 원, 동그라미 triangle 삼각형 rectangle 직사각형

13. Q: What day is it today?
(A) Friday
(B) Thursday
(C) Sunday
해석 질문: 오늘은 무슨 요일인가요?
(A) 금요일
(B) 목요일
(C) 일요일
풀이 숫자 '10'위에 'Thurs'라고 쓰여 있는 것으로 보아 목요일이라는 것을 알 수 있으므로 (B)가 정답이다.
Words and Phrases Friday 금요일 Thursday 목요일 Sunday 일요일

14. Q: What is the girl wearing?
(A) jeans
(B) pants
(C) a dress
해석 질문: 소녀는 무엇을 입고 있나요?
(A) 청바지
(B) 바지
(C) 원피스
풀이 소녀가 원피스를 입고 있으므로 (C)가 정답이다.
Words and Phrases wear 입고(신고/끼고/착용하고)있다 jeans 청바지 pants 바지 dress 원피스, 드레스

15. Q: How does the boy feel?
(A) He is sad.
(B) He is happy.
(C) He is angry.
해석 질문: 소년의 기분이 어떤가요?
(A) 그는 슬프다.
(B) 그는 행복하다.
(C) 그는 화가 났다.
풀이 소년이 웃고 있어 행복하다는 것을 알 수 있으므로 (B)가 정답이다.
Words and Phrases happy 행복한 angry 화가 난

PART D. Read and Retell (p.42)

[16]

What am I? I can make wind. I help people to cool down. I have wings that move quickly. You can put me on the desk if I'm small.

16. What am I?
 (A) a fan
 (B) a pool
 (C) a cloud

해석 나는 무엇일까? 나는 바람을 만들 수 있다. 나는 사람들이 시원해지는 것을 돕는다. 나는 빠르게 움직이는 날개가 있다. 내가 작다면 너는 나를 책상 위에 올려놓을 수 있다.

16. 나는 무엇일까?
 (A) 선풍기
 (B) 수영장
 (C) 구름

풀이 빠르게 움직이는 날개를 가지고 바람을 만들 수 있다고 한 것으로 보아 선풍기라고 유추할 수 있으므로 (A)가 정답이다.

Words and Phrases wind 바람 cool down 시원하게 하다 move 움직이다 quickly 빠르게 desk 책상 pool 수영장 cloud 구름

[17-18]

It is sunny today. Jackson and Amelia go to the park. Jackson walks his dog and Amelia rides a bicycle. Then they eat ice cream on a bench.

17. What does Jackson do at the park?
 (A) He rides a bicycle.
 (B) He walks the dog.
 (C) He reads a book.

18. What do Jackson and Amelia eat on the bench?
 (A) popcorn
 (B) cotton candy
 (C) ice cream

해석 오늘 날씨가 화창하다. Jackson과 Amelia는 공원에 간다. Jackson은 그의 개를 산책시키고, Amelia는 자전거를 탄다. 그 다음 그들은 벤치에서 아이스크림을 먹는다.

17. Jackson은 공원에서 무엇을 하나요?
 (A) 자전거를 탄다.
 (B) 개를 산책시킨다.
 (C) 책을 읽는다.

18. Jackson과 Amelia는 벤치에서 무엇을 먹나요?
 (A) 팝콘
 (B) 솜사탕
 (C) 아이스크림

풀이 Jackson은 공원에서 개를 산책시킨다고 했으므로 17번의 답은 (B)다. Jackson과 Amelia가 벤치에서 아이스크림을 먹는다고 했으므로 18번의 답은 (C)다.

Words and Phrases bicycle 자전거 bench 벤치 walk the dog 개를 산책시키다 popcorn 팝콘 cotton candy 솜사탕

[19-20]

David, Sue, and Jasmine go to the same school. They enjoy school a lot. David likes painting. Sue likes singing. Jasmine likes English. They are good students.

19. Who likes singing?
 (A) David
 (B) Sue
 (C) Jasmine

20. What does Jasmine like?
 (A) art
 (B) music
 (C) English

해석 David와 Sue와 Jasmine은 같은 학교에 다닌다. 그들은 학교를 무척 즐긴다. David는 그림을 그리는 것을 좋아한다. Sue는 노래를 부르는 것을 좋아한다. Jasmine은 영어를 좋아한다. 그들은 좋은 학생이다.

19. 누가 노래 부르는 것을 좋아하나요?
 (A) David
 (B) Sue
 (C) Jasmine

20. Jasmine은 무엇을 좋아하나요?
 (A) 미술
 (B) 음악
 (C) 영어

풀이 Sue가 노래를 부르는 것을 좋아한다고 했으므로 19번의 정답은 (B)다. Jasmine이 영어를 좋아한다고 했으므로 20번의 정답은 (C)다.

Words and Phrases paint …을 그리다 sing 노래하다 English 영어 student 학생

실전3회

Section I Listening and Speaking

1 (B)	2 (C)	3 (B)	4 (C)	5 (A)
6 (A)	7 (C)	8 (B)	9 (A)	10 (A)
11 (B)	12 (C)	13 (B)	14 (A)	15 (C)

Section II Reading and Writing

1 (A)	2 (B)	3 (B)	4 (C)	5 (A)
6 (B)	7 (B)	8 (A)	9 (C)	10 (A)
11 (C)	12 (B)	13 (B)	14 (A)	15 (C)
16 (A)	17 (C)	18 (C)	19 (A)	20 (C)

SECTION I LISTENING AND SPEAKING

Part A. Listen and Recognize (p.47)

1. Boy: kitchen
(B)
해석 소년: 부엌
풀이 부엌 그림 (B)가 정답이다.
Words and Phrases kitchen 부엌, 주방

2. Girl: park
(C)
해석 소녀: 공원
풀이 공원 그림 (C)가 정답이다.

3. Boy: bird
(B)
해석 소년: 새
풀이 새 그림 (B)가 정답이다.
Words and Phrases bird 새

4. Girl: I can see tigers.
(C)
해석 소녀: 나는 호랑이가 보인다.
풀이 호랑이 그림 (C)가 정답이다.
Words and Phrases tiger 호랑이

5. Boy: The boy is eating a watermelon.
(A)
해석 소년: 소년은 수박을 먹고 있다.
풀이 소년이 수박을 먹는 그림 (A)가 정답이다.
Words and Phrases watermelon 수박

PART B. Listen and Respond (p.49)

6. Girl: Where are you going?
Boy: ________________
(A) I am going to the park.
(B) I am eating a hamburger.
(C) I am drinking water.
해석 소녀: 너는 어디로 가고 있니?
소년: ________________
(A) 나는 공원에 가고 있어.
(B) 나는 햄버거를 먹고 있어.
(C) 나는 물을 마시고 있어.
풀이 소년이 어디에 가는지 장소를 묻고 있으므로 공원이라고 대답한 (A)가 정답이다.
Words and Phrases drink 음료; 마시다

7. Boy: Do you like swimming?
Girl: ________________
(A) Yes, I like skiing.
(B) Yes, I like hiking.
(C) Yes, I like swimming.
해석 소년: 너는 수영을 좋아하니 ?
소녀: ________________
(A) 응, 나는 스키를 좋아해.
(B) 응, 나는 등산을 좋아해.
(C) 응, 나는 수영을 좋아해.
풀이 수영하는 것을 좋아하는지 묻는 소년의 물음에 수영을 좋아한다고 대답한 (C)가 정답이다.
Words and Phrases ski 스키를 타다; 스키 hike 등산하다 도보 여행
swim 수영하다; 수영

8. Girl: Are you sick today?
Boy: ________________
(A) Yes, I do.
(B) Yes, I am.
(C) No, I don't.
해석 소녀: 너는 오늘 아프니?
소년: ________________
(A) 일반 동사 긍정문 (1 · 2인칭 단 · 복수형, 3인칭 복수형)
(B) be동사 긍정문 (1인칭 단수형)
(C) 일반 동사 부정문 (1 · 2인칭 단 · 복수형, 3인칭 복수형)
풀이 be동사 'are'로 물어보는 질문으로 be동사로 대답한 (B)가 정답이다.
Words and Phrases sick 아픈, 병든 today 오늘

9. Boy: I'm sorry, Lily.
Girl: ________________
(A) That's okay.
(B) Look out!
(C) Goodbye.
해석 소년: Lily, 미안해.
소녀: ________________
(A) 괜찮아.
(B) 조심해!
(C) 안녕.
풀이 미안하다는 소년에게 소녀가 괜찮다고 하는 것이 가장 적절하므로 정답은 (A)다.
Words and Phrases sorry 미안한, 안된

10. Girl: How's the weather?
Boy: ________________
(A) It is windy.
(B) It is summer.
(C) It is dark.
해석 소녀: 날씨가 어떠니?
소년: ________________
(A) 바람이 불어.
(B) 여름이야.
(C) 어두워.
풀이 날씨가 어떤지 묻고 있으므로 바람이 분다고 대답하는 (A)가 정답이다.
Words and Phrases windy 바람이 부는 summer 여름 dark 어두운, 캄캄한

PART C. Listen and Retell (p.51)

11. Boy: What do you want to buy?
Girl: I want to buy a teddy bear.
Question: What does the girl want to buy?
(B)
해석 소년: 너는 무엇을 사고 싶니?
소녀: 곰인형을 사고 싶어.
질문: 소녀가 무엇을 사고 싶은가요?
풀이 무엇을 사고 싶은지 묻는 소년의 질문에 소녀가 곰인형을 사고 싶다고 대답했으므로 정답은 (B)다.
Words and Phrases want 원하다 buy 사다 teddy bear 곰인형

12. Girl: Here comes the bus.
Boy: Let's get on!
Question: Where are they?
(C)
해석 소녀: 여기 버스가 왔어.
소년: 타자!
질문: 그들은 어디에 있나요?
풀이 소녀와 소년이 버스가 와서 버스를 타자고 한 것으로 보아 버스 정류장에 있다는 것을 유추할 수 있으므로 정답은 (C)다.
Words and Phrases here 여기에 come 오다 get on …에 타다

13. Boy: When are you going to the market?
Girl: I am going at 2 o'clock.
Question: When is the girl going to the market?
(B)
해석 소년: 너는 언제 시장에 가니?
소녀: 나는 2시에 갈 거야.
질문: 소녀는 시장에 언제 가나요?
풀이 소녀가 2시에 시장에 갈 거라고 했으므로 정답은 (B)다.
Words and Phrases market 시장 o'clock …시(정각에)

14. Girl: Where is your sister Lucy?
Boy: She is in the living room.
Question: Where is Lucy?
(A)
해석 소녀: 너의 여동생 Lucy는 어디에 있니?
소년: 거실에 있어.
질문: Lucy는 어디에 있나요?
풀이 Lucy가 어디 있는지 묻는 소녀의 질문에 소년이 거실에 있다고 했으므로 거실 그림 (A)가 정답이다.
Words and Phrases living room 거실

15. Boy: How old is your brother?
Girl: He is four.
Question: How old is the girl's brother?
(C)
해석 소년: 네 남동생/오빠는 몇 살이니?
소녀: 4살이야.
질문: 소녀의 오빠/남동생은 몇 살인가요?
풀이 소녀가 오빠/남동생이 4살이라고 했으므로 정답은 (C)다.

SECTION II READING AND WRITING

Part A. Spell the Words (p.54)

1. _cean
   (A) o
   (B) e
   (C) u

풀이 '바다'를 뜻하는 영어단어의 철자는 'ocean'이므로 (A)가 정답이다.
Words and Phrases ocean 바다, 대양

2. chee__e
   (A) t
   (B) s
   (C) p

풀이 '치즈'를 뜻하는 영어단어의 철자는 'cheese'이므로 (B)가 정답이다.
Words and Phrases cheese 치즈

3. (A) stutend
   (B) student
   (C) denttus

해석 (A) stutend
(B) student (학생)
(C) denttus

풀이 '학생'을 뜻하는 영어단어의 철자는 'student'이므로 (B)가 정답이다.
Words and Phrases student 학생

4. (A) chrai
   (B) chiar
   (C) chair

해석 (A) chrai
(B) chiar
(C) chair (의자)

풀이 '의자'를 뜻하는 'chair'의 철자를 올바르게 나열한 (C)가 정답이다.
Words and Phrases chair 의자

5. (A) candy
   (B) cyand
   (C) daycn

해석 (A) candy (사탕)
(B) cyand
(C) daycn

풀이 '사탕'을 뜻하는 'candy'의 철자를 올바르게 나열한 (A)가 정답이다.
Words and Phrases candy 사탕

Part B. Look and Recognize (p.56)

6. (A) The girl likes dancing.
   (B) The girl likes singing.
   (C) The girl likes reading.

해석 (A) 소녀는 춤추는 것을 좋아한다.
(B) 소녀는 노래를 부르는 것을 좋아한다.
(C) 소녀는 읽는 것을 좋아한다.

풀이 소녀가 노래를 부르고 있으므로 (B)가 정답이다.
Words and Phrases dance 춤; 춤을 추다 sing 노래하다 read 읽다

7. (A) The boy has a cap.
   (B) The boy has a bag.
   (C) The boy has a watch.

해석 (A) 소년은 모자가 있다.
(B) 소년은 가방이 있다.
(C) 소년은 (손목)시계가 있다.

풀이 소년이 가방을 메고 있으므로 (B)가 정답이다.
Words and Phrases cap (앞부분에 챙이 달린) 모자 bag 가방 watch (손목) 시계

8. (A) Her skirt is red.
   (B) Her skirt is blue.
   (C) Her skirt is yellow.

해석 (A) 그녀의 치마는 빨간색이다.
(B) 그녀의 치마는 파란색이다.
(C) 그녀의 치마는 노란색이다.

풀이 소녀가 빨간색 치마를 입고 있으므로 (A)가 정답이다.
Words and Phrases skirt 스커트, 치마 red 빨간색; 빨간색의 blue 파란색; 푸른 yellow 노란색; 노란색의

9. (A) The boy is washing his hair.
   (B) The boy is washing his face.
   (C) The boy is washing his hands.

해석 (A) 소년은 그의 머리를 감고(씻고) 있다.
(B) 소년은 그의 얼굴을 씻고 있다.
(C) 소년은 그의 손을 씻고 있다.

풀이 소년이 손을 씻고 있으므로 (C)가 정답이다.
Words and Phrases wash 씻다, 목욕하다, 빨래하다; 빨래 hair 머리(털), 털 face 얼굴

10. (A) It's fall.
    (B) It's spring.
    (C) It's winter.

해석 (A) 가을이다.
(B) 봄이다.
(C) 겨울이다.

풀이 단풍이 든 나무를 통해 가을이라고 유추할 수 있으므로 (A)가 정답이다.
Words and Phrases fall 가을 spring 봄 winter 겨울

Part C. Look and Respond (p.58)

11. Q: How many pencils are there?
(A) four
(B) five
(C) six
해석 질문: 연필이 몇 자루가 있나요?
(A) 4
(B) 5
(C) 6
풀이 연필 6자루가 있으므로 (C)가 정답이다.
Words and Phrases pencil 연필 four 4, 넷 six 6, 육, 여섯

12. Q: Where is the house?
(A) The house is near the sea.
(B) The house is near the river.
(C) The house is near the lake.
해석 질문: 집은 어디에 있나요?
(A) 집은 바다 가까이에 있다.
(B) 집은 강 가까이에 있다.
(C) 집은 호수 가까이에 있다.
풀이 집이 강 가까이에 있으므로 (B)가 정답이다.
Words and Phrases house 집 near 가까이, 가까운, 거의
mountain 산 river 강 lake 호수

13. Q: What is the boy doing?
(A) He is drinking water.
(B) He is reading a book.
(C) He is playing the piano.
해석 질문: 소년은 무엇을 하고 있나요?
(A) 그는 물을 마시고 있다.
(B) 그는 책을 읽고 있다.
(C) 그는 피아노를 치고 있다.
풀이 소년이 책을 읽고 있으므로 (B)가 정답이다.

14. Q: What shape is the mirror?
(A) oval
(B) square
(C) triangle
해석 질문: 거울은 어떤 모양인가요?
(A) 타원형
(B) 정사각형
(C) 삼각형
풀이 거울이 타원형이므로 (A)가 정답이다.
Words and Phrases mirror 거울 oval 타원형, 계란형 square 정사각형
triangle 삼각형

15. Q: How old is the girl?
(A) three
(B) five
(C) eight
해석 질문: 소녀는 몇 살인가요?
(A) 3
(B) 5
(C) 8
풀이 그림에서 케이크에 8이라고 쓰여있는 초가 꽂혀 있는 것으로 보아 소녀의 나이가 8살 인 것을 유추할 수 있으므로 (C)가 정답이다.
Words and Phrases three 3, 셋

PART D. Read and Retell (p.60)

[16]

What am I? You can make me with flour. People put cheese and vegetables on me. I am round but you can slice me, too.

16. What am I?
(A) pizza
(B) salad
(C) tomato
해석 나는 무엇일까? 너는 밀가루로 나를 만들 수 있다. 사람들은 치즈와 야채를 나의 위에 올린다. 나는 둥글지만 너는 나를 조각으로 자를 수도 있다.
16. 나는 무엇일까?
(A) 피자
(B) 샐러드
(C) 토마토
풀이 밀가루로 만들고 치즈와 야채를 올린다고 한 것으로 보아 피자임을 유추할 수 있으므로 (A)가 정답이다.
Words and Phrases flour 밀가루 cheese 치즈 vegetable 야채
round 둥근 slice 조각으로 자르다

[17-18]

It's my grandfather's birthday today. He is 75 years old. My family goes to my grandfather's house every year. We have a party. I give a birthday card to my grandfather.

17. Whose birthday is it today?
(A) father
(B) mother
(C) grandfather
18. What does the family do?
(A) send a cake
(B) buy a gift
(C) have a party
해석 오늘은 할아버지의 생신이다. 할아버지께서는 75세이시다. 매년 우리 가족은 할아버지 댁으로 간다. 우리는 파티를 한다. 나는 할아버지께 생신 카드를 드린다.

17. 오늘은 누구의 생일인가요?
(A) 아버지
(B) 어머니
(C) 할아버지

18. 가족은 무엇을 하나요?
(A) 케이크를 보낸다
(B) 선물을 산다
(C) 파티를 한다

풀이 오늘이 할아버지의 생신이라고 했으므로 17번의 정답은 (C)다. 가족과 파티를 한다고 했으므로 18번의 정답은 (C)다.

Words and Phrases grandfather 할아버지 every year 해마다 birthday card 생일(생신) 카드 buy 사다, 구입하다 gift 선물

[19-20]

My family is at the supermarket now. My dad is looking at a delicious pizza. My mom is buying fruit. My little brother is looking for a new robot toy. My family loves shopping. I love shopping, too.

19. Where is the family?
(A) at a supermarket
(B) at a restaurant
(C) at a toy store

20. What is the dad doing?
(A) buying pizza
(B) eating pizza
(C) looking at pizza

해석 우리 가족은 지금 슈퍼마켓에 있다. 아빠는 맛있는 피자를 보고 있다. 엄마는 과일을 사고 있다. 남동생은 새로운 로봇 장난감을 찾고 있다. 우리 가족은 쇼핑을 매우 좋아한다. 나도 쇼핑을 매우 좋아한다.

19. 가족은 어디에 있나요?
(A) 슈퍼마켓에
(B) 식당에
(C) 장난감 가게에

20. 아빠는 무엇을 하나요?
(A) 피자 사기
(B) 피자 먹기
(C) 피자 보기

풀이 첫 문장에 가족이 슈퍼마켓에 있다고 했으므로 19번의 정답은 (A)다. 아빠는 피자를 구경하고 있다고 했으므로 20번의 정답은 (C)다.

Words and Phrases supermarket 슈퍼마켓 delicious 아주 맛있는, pizza 피자 buy 사다 fruit 과일 look for 찾다 new 새, 새로운 robot 로봇 toy 장난감 restaurant 식당, 레스토랑 toy store 장난감 가게 eat 먹다 watch 보다

실전4회

Section I Listening and Speaking

1 **(C)**	2 **(A)**	3 **(A)**	4 **(A)**	5 **(C)**
6 **(B)**	7 **(A)**	8 **(C)**	9 **(C)**	10 **(B)**
11 **(A)**	12 **(C)**	13 **(A)**	14 **(C)**	15 **(A)**

Section II Reading and Writing

1 **(A)**	2 **(C)**	3 **(C)**	4 **(A)**	5 **(B)**
6 **(A)**	7 **(C)**	8 **(B)**	9 **(A)**	10 **(C)**
11 **(B)**	12 **(A)**	13 **(C)**	14 **(C)**	15 **(A)**
16 **(C)**	17 **(B)**	18 **(A)**	19 **(A)**	20 **(C)**

SECTION I LISTENING AND SPEAKING

Part A. Listen and Recognize (p.65)

1. Boy: spider
(C)
해석 소년: 거미
풀이 거미 그림 (C)가 정답이다.
Words and Phrases spider 거미

2. Girl: ten
(A)
해석 소녀: 10
풀이 숫자 '10'옆에 당근을 10개 가지고 있는 토끼 그림 (A)가 정답이다.
Words and Phrases ten 10, 열, 십

3. Boy: truck
(A)
해석 소년: 트럭
풀이 트럭 그림 (A)가 정답이다.
Words and Phrases truck 트럭

4. Girl: The girl is playing soccer.
(A)
해석 소녀: 소녀가 축구를 하고 있다.
풀이 소녀가 축구를 하는 그림 (A)가 정답이다.
Words and Phrases soccer 축구

5. Boy: The boy is wearing a cap.
(C)
해석 소년: 소년은 모자를 쓰고 있다.

풀이 모자를 쓴 소년 그림 (C)가 정답이다.
Words and Phrases wear 입고(쓰고/신고/끼고/착용하고)있다

PART B. Listen and Respond (p.67)

6. Girl: How old are you?
Boy: ________________
(A) I have nine toys.
(B) I am nine years old.
(C) I do homework at nine o'clock.
해석 소녀: 너는 몇 살이니?
소년: ________________
(A) 나는 장난감 9개를 가지고 있어.
(B) 나는 9살이야.
(C) 나는 9시에 숙제를 해.
풀이 나이를 묻는 소녀의 질문에 9살이라고 대답하는 (B)가 정답이다.
Words and Phrases toy 장난감

7. Boy: What does your mom do?
Girl: ________________
(A) She is a chef.
(B) She likes English.
(C) She loves music.
해석 소년: 엄마는 무엇을 하시니?
소녀: ________________
(A) 그녀는 요리사야.
(B) 그녀는 영어를 좋아해.
(C) 그녀는 음악을 매우 좋아해.
풀이 엄마의 직업을 묻는 질문에 요리사라고 대답한 (A)가 정답이다.
Words and Phrases chef 요리사 English 영어 love 매우 좋아하다, 사랑하다, 사랑 music 음악

8. Girl: Do you like steak?
Boy: ________________
(A) Yes, I like chicken.
(B) No, I don't like milk.
(C) Yes, I like steak.
해석 소녀: 너는 스테이크를 좋아하니?
소년: ________________
(A) 응, 나는 치킨을 좋아해.
(B) 아니, 나는 우유를 좋아하지 않아.
(C) 응, 나는 스테이크를 좋아해.
풀이 소녀가 스테이크를 좋아하는지 묻는 소녀의 질문에 그렇다고 대답하는 (C)가 정답이다.
Words and Phrases steak 스테이크 chicken 닭, 닭고기 milk 우유

9. Boy: Where are you going?
Girl: ________________
(A) I am going at six.
(B) I am going by bus.
(C) I am going to the station.
해석 소년: 너는 어디에 가고 있니?
소녀: ________________
(A) 나는 6시에 갈 거야.
(B) 나는 버스로 갈 거야.
(C) 나는 역으로 가고 있어.
풀이 어디로 가는지 장소에 대한 질문에 장소로 대답한 (C)가 정답이다.
Words and Phrases by bus 버스로, 버스를 이용하여 station 역, 정거장

10. Girl: Are you tired?
Boy: ________________
(A) Yes, I can.
(B) Yes, I am.
(C) Yes, I do.
해석 소녀: 너는 피곤하니?
소년: ________________
(A) 조동사 can 긍정문
(B) be 동사 긍정문 (1인칭 단수)
(C) 일반 동사 긍정문 (1 · 2인칭 단 · 복수, 3인칭 복수)
풀이 be 동사 의문문으로 피곤한지 묻는 소녀의 질문에 be 동사 긍정문으로 대답한 (B)가 정답이다.
Words and Phrases tired 피곤한 cold 추운, 차가운; 추위, 감기

PART C. Listen and Retell (p.69)

11. Boy: When is your music class?
Girl: It is on Wednesday.
Question: When is the girl's music class?
(A)
해석 소년: 음악 수업이 언제니?
소녀: 수요일이야.
질문: 소녀의 음악 수업은 언제인가요?
풀이 음악 수업이 언제인지 묻는 소년의 질문에 소녀가 수요일이라고 대답했으므로 정답은 (A)다.
Words and Phrases music 음악 Wednesday 수요일 Friday 금요일 Saturday 토요일

12. Girl: What color do you like?
Boy: I like blue.
Question: What color does the boy like?
(C)
해석 소녀: 어떤 색을 좋아하니?
소년: 파란색을 좋아해.
질문: 소년이 좋아하는 색은 무엇인가요?

풀이 소년이 무슨 색을 좋아하는지 묻는 소녀의 질문에 소년이 파란색을 좋아한다고 답했으므로 파란색 그림 (C)가 정답이다.

13. Boy: Let's go to the beach.
    Girl: Sounds great.
    Question: Where are they going?
    (A)

해석 소년: 우리 바닷가에 가자.
소녀: 좋은 생각이다.
질문: 그들은 어디에 가나요?

풀이 소년이 바닷가에 가자고 제안하고, 소녀가 긍정적으로 대답한 것으로 보아 바다에 간다고 유추할 수 있으므로 정답은 (A)다.

Words and Phrases beach 해변, 바닷가

14. Girl: What do you want to drink?
    Boy: I want to drink orange juice.
    Question: What does the boy want to drink?
    (C)

해석 소녀: 무엇을 마시고 싶니?
소년: 오렌지 주스를 마시고 싶어.
질문: 소년은 무엇을 마시고 싶나요?

풀이 소년이 무엇을 마시고 싶은지 묻는 소녀의 질문에 소년이 오렌지 주스를 마시고 싶다고 답했으므로 정답은 (C)다.

Words and Phrases drink 음료; 마시다 juice 주스

15. Boy: My stomach hurts.
    Girl: Let's tell mom.
    Question: Where does the boy hurt?
    (A)

해석 소년: 배가 아파.
소녀: 엄마한테 말하자.
질문: 소년은 어디가 아픈가요?

풀이 소년이 배가 아프다고 했으므로 배를 잡고 아파하고 있는 그림인 (A)가 정답이다.

Words and Phrases stomach 위장, 배 sick 아픈

SECTION II READING AND WRITING

Part A. Spell the Words (p.72)

1. ch_rry
   (A) e
   (B) i
   (C) o

풀이 '체리'를 뜻하는 영어단어의 철자는 'cherry'이므로 (A)가 정답이다.

Words and Phrases cherry 체리, 버찌

2. _ookstore
   (A) d
   (B) s
   (C) b

풀이 '서점'을 뜻하는 영어단어의 철자는 'bookstore'이므로 (C)가 정답이다.

Words and Phrases bookstore 서점

3. (A) neesv
   (B) venes
   (C) seven

해석 (A) neesv
(B) venes
(C) seven (7, 일곱)

풀이 '7, 일곱'을 뜻하는 'seven'의 철자를 올바르게 나열한 (C)가 정답이다.

Words and Phrases seven 7, 일곱

4. (A) monkey
   (B) nokeny
   (C) onemky

해석 (A) monkey (원숭이)
(B) nokeny
(C) onemky

풀이 '원숭이'를 뜻하는 'monkey'의 철자를 올바르게 나열한 (A)가 정답이다.

Words and Phrases monkey 원숭이

5. (A) selep
   (B) sleep
   (C) seelp

해석 (A) selep
(B) sleep (자다)
(C) seelp

풀이 '자다'를 뜻하는 'sleep'의 철자를 올바르게 나열한 (B)가 정답이다.

Words and Phrases sleep (잠을) 자다; 잠

Part B. Look and Recognize (p.74)

6. (A) The family is in the car.
(B) The family is in the airplane.
(C) The family is in the train.
해석 (A) 가족은 차(안)에 있다.
(B) 가족은 비행기(안)에 있다.
(C) 가족은 기차(안)에 있다.
풀이 가족이 차를 타고 있으므로 정답은 (A)다.
Words and Phrases car 승용차 airplane 비행기 train 기차

7. (A) The girl likes the fish.
(B) The girl likes the bird.
(C) The girl likes the cat.
해석 (A) 소녀는 물고기를 좋아한다.
(B) 소녀는 새를 좋아한다.
(C) 소녀는 고양이를 좋아한다.
풀이 소녀가 고양이를 안고 좋아하는 그림이므로 (C)가 정답이다.
Words and Phrases fish 물고기 bird 새 cat 고양이

8. (A) This is a card.
(B) This is a present.
(C) This is a letter.
해석 (A) 이것은 카드다.
(B) 이것은 선물이다.
(C) 이것은 편지다.
풀이 선물 그림이므로 (B)가 정답이다.
Words and Phrases card 카드 present 선물 letter 편지, 글자

9. (A) The toys are in the box.
(B) The toys are on the box.
(C) The toys are next to the box.
해석 (A) 장난감이 상자 안에 있다.
(B) 장난감이 상자 위에 있다.
(C) 장난감이 상자 옆에 있다.
풀이 장난감이 상자 안에 있는 그림으로 (A)가 정답이다.
Words and Phrases toy 장난감 in …(안)에 on …(위)에 next to …(바로) 옆에

10. (A) They are cleaning the garden.
(B) They are cleaning the bathroom.
(C) They are cleaning the classroom.
해석 (A) 그들은 정원을 청소하고 있다.
(B) 그들은 화장실을 청소하고 있다.
(C) 그들은 교실을 청소하고 있다.
풀이 아이들이 교실을 청소하고 있으므로 (C)가 정답이다.
Words and Phrases clean 깨끗한; 닦다, 청소하다 garden 정원 bathroom 화장실 classroom 교실

Part C. Look and Respond (p.76)

11. Q: What time is it?
(A) It is eight o'clock.
(B) It is nine o'clock.
(C) It is ten o'clock.
해석 질문: 지금은 몇 시인가요?
(A) 8시다.
(B) 9시다.
(C) 10시다.
풀이 시계의 작은바늘이 숫자 9를 가리키고 있으므로 (B)가 정답이다.

12. Q: What color is the dress?
(A) It is pink.
(B) It is green.
(C) It is black.
해석 질문: 드레스는 무슨 색인가요?
(A) 분홍색이다.
(B) 초록색이다.
(C) 검은색이다.
풀이 소녀가 분홍색 드레스를 입고 있으므로 (A)가 정답이다.
Words and Phrases pink 분홍색; 분홍색의 green 초록색; 초록색의 black 검은색; 검은색의

13. Q: How is the weather?
(A) It is sunny.
(B) It is rainy.
(C) It is windy.
해석 질문: 날씨가 어떤가요?
(A) 화창하다.
(B) 비가 온다.
(C) 바람이 분다.
풀이 바람이 부는 그림으로 (C)가 정답이다.
Words and Phrases sunny 화창한 rainy 비가 오는 windy 바람이 부는

14. Q: How much are the grapes?
(A) five dollars
(B) ten dollars
(C) eight dollars
해석 포도는 얼마인가요?
(A) 5달러
(B) 10달러
(C) 8달러
풀이 포도가 8달러라고 적혀 있으므로 (C)가 정답이다.
Words and Phrases grape 포도

15. Q: What is the boy playing?
(A) He is playing soccer.
(B) He is playing baseball.
(C) He is playing tennis.

해석 질문: 소년은 무엇을 하고 있나요?
(A) 그는 축구를 하고 있다.
(B) 그는 야구를 하고 있다.
(C) 그는 테니스를 치고(하고) 있다.

풀이 소년이 축구공을 가지고 있는 것으로 보아 축구를 한다고 유추할 수 있으므로 (A)가 정답이다.

Words and Phrases play 놀다, (게임을) 하다 tennis 테니스

PART D. Read and Retell (p.78)

[16]

What am I? I smell fresh and sweet. Bees like to sit on me. You have to be careful with me because I have sharp thorns.

16. What am I?
(A) sky
(B) bird
(C) rose

해석 나는 무엇일까? 나는 신선하고 달콤한 냄새가 난다. 벌들은 나의 위에 앉는 것을 좋아한다. 나에게는 날카로운 가시들이 있기 때문에 너는 나를 조심해야 한다.

16. 나는 무엇일까?
(A) 하늘
(B) 새
(C) 장미

풀이 신선하고 달콤한 냄새가 나며 벌들이 앉기를 좋아하고 가시들이 있다고 한 것으로 보아 장미임을 유추할 수 있으므로 (C)가 정답이다.

Words and Phrases fresh 신선한 sweet 달콤한 bee 꿀벌 sit 앉다
careful 조심하는 sharp 날카로운 thorn 가시

[17-18]

We are at the movie theater. Tommy is looking at a movie poster. Maria is buying popcorn. I am drinking a Coke. We love watching movies!

17. Where are they now?
(A) at a popcorn store
(B) at a movie theater
(C) at a restaurant

18. What is Maria doing?
(A) buying popcorn
(B) looking at a movie poster
(C) drinking a Coke

해석 우리는 영화관에 있다. Tommy는 영화 포스터를 보고 있다. Maria는 팝콘을 사고 있다. 나는 콜라를 마시고 있다. 우리는 영화보는 것을 매우 좋아한다!

17. 그들은 지금 어디에 있나요?
(A) 팝콘 가게에
(B) 영화관에
(C) 식당에

18. Maria는 무엇을 하고 있나요?
(A) 팝콘을 사고 있다
(B) 영화 포스터를 보고 있다
(C) 콜라를 마시고 있다

풀이 첫 문장에서 영화관에 있다고 했으므로 17번의 정답은 (B)다. Maria는 팝콘을 사고 있다고 했으므로 18번의 정답은 (A)다.

Words and Phrases movie theater 영화관 look at …을 보다
poster 포스터, 벽보 buy 사다, 구매하다
popcorn 팝콘 drink 음료; 마시다 Coke 콜라
restaurant 식당, 레스토랑 store 가게

[19-20]

My family goes camping. My dad and I put up the tent. My mom and sister cook food. We can play the board game in the tent. We like to have a barbecue outside. We enjoy camping.

19. Where do they go?
(A) camping
(B) picnic
(C) hiking

20. What can they play?
(A) video game
(B) computer games
(C) board game

해석 우리 가족은 캠핑을 간다. 아빠와 나는 텐트를 친다. 엄마와 언니/누나/여동생은 요리를 한다. 우리는 텐트에서 보드게임을 할 수 있다. 우리는 바깥에서 고기를 구워 먹는 것을 좋아한다. 우린 캠핑을 즐긴다!

19. 그들은 무엇을 하러 가나요?
(A) 캠핑
(B) 소풍
(C) 등산

20. 그들은 무엇을 할 수 있나요?
(A) 비디오 게임
(B) 컴퓨터 게임
(C) 보드 게임

풀이 가족이 캠핑을 간다고 했으므로 19번의 정답은 (A)다. 텐트에서 보드게임을 할 수 있다고 했으므로 20번의 정답은 (C)다.

Words and Phrases camping 캠핑 put up …을 올리다, 세우다
tent 텐트 food 음식 board game 보드게임
picnic 소풍 hike 등산하다, 도보 여행을 가다
outside 겉, 밖; 겉에, 밖에 barbecue 숯불에 굽다; 바비큐(숯불구이)

실전5회

Section I Listening and Speaking

1 (A)	2 (A)	3 (C)	4 (B)	5 (B)
6 (A)	7 (C)	8 (A)	9 (C)	10 (B)
11 (A)	12 (C)	13 (C)	14 (B)	15 (A)

Section II Reading and Writing

1 (C)	2 (B)	3 (A)	4 (C)	5 (C)
6 (B)	7 (A)	8 (C)	9 (B)	10 (A)
11 (A)	12 (B)	13 (C)	14 (B)	15 (C)
16 (C)	17 (B)	18 (A)	19 (A)	20 (B)

SECTION I LISTENING AND SPEAKING

Part A. Listen and Recognize (p.83)

1. Boy: stand
(A)
해석 소년: 서다
풀이 소년이 서 있는 그림 (A)가 정답이다.
Words and Phrases stand 서다

2. Girl: sleepy
(A)
해석 소녀: 졸음이 오는
풀이 잠옷을 입고 하품을 하는 소년 그림 (A)가 정답이다.
Words and Phrases sleepy 졸리운, 졸음이 오는

3. Boy: rabbit
(C)
해석 소년: 토끼
풀이 토끼 그림 (C)가 정답이다.
Words and Phrases rabbit 토끼

4. Girl: The girl goes into the room.
(B)
해석 소녀: 소녀가 방에 들어간다.
풀이 소녀가 방에 문을 열고 들어가는 그림 (B)가 정답이다.
Words and Phrases go into …에 들어가다

5. Boy: They are singing.
(B)
해석 소년: 그들은 노래를 부르고 있다.
풀이 아이들이 노래를 부르는 그림 (B)가 정답이다.
Words and Phrases sing 노래하다

PART B. Listen and Respond (p.85)

6. Girl: What do you want to eat?
Boy: ________________
(A) I want to eat chicken.
(B) I want to play soccer.
(C) I want to read a book.
해석 소녀: 너는 무엇을 먹고 싶어?
소년: ________________
(A) 나는 닭고기를 먹고 싶어.
(B) 나는 축구를 하고 싶어.
(C) 나는 책을 읽고 싶어.
풀이 먹고 싶은 음식에 대해 묻는 소녀의 질문에 음식으로 대답한 (A)가 정답이다.
Words and Phrases chicken 닭, 닭고기

7. Boy: Do you know Tom?
Girl: ________________
(A) Yes, I have it.
(B) Yes, I like her.
(C) Yes, I know him.
해석 소년: 너는 Tom을 아니?
소녀: ________________
(A) 응, 나는 그것을 가지고 있어.
(B) 응, 나는 그녀를 좋아해.
(C) 응, 나는 그를 알아.
풀이 Tom을 아는지 묻는 질문에 알고 있다고 대답한 (C)가 정답이다.
Words and Phrases know 알다, 알고 있다

8. Girl: What time is it?
Boy: ________________
(A) It is nine o'clock.
(B) It is Thursday.
(C) It is on time.
해석 소녀: 몇 시니?
소년: ________________
(A) 9시야.
(B) 목요일이야.
(C) 제 시간에 왔어.
풀이 시간을 묻고 있으므로 9시라고 대답하는 (A)가 정답이다.
Words and Phrases o'clock …시(정각에) Thursday 목요일
on time 시간을 어기지 않고, 정각에

9. Boy: I am sorry.
Girl: ________________
(A) He loves you.
(B) I am sorry.
(C) It's okay.
해석 소년: 미안해.
소녀: ________________
(A) 그는 너를 사랑해.
(B) 미안해.
(C) 괜찮아.
풀이 소년이 미안하다고 사과하고 있으므로 괜찮다고 대답하는 (C)가 정답이다.
Words and Phrases sorry 미안한, 안된 love 사랑하다, (매우) 좋아하다

10. Girl: What season do you like?
Boy: ________________
(A) I like rain.
(B) I like fall.
(C) I like skiing.
해석 소녀: 너는 어떤 계절을 좋아해?
소년: ________________
(A) 나는 비를 좋아해.
(B) 나는 가을을 좋아해.
(C) 나는 스키를 좋아해.
풀이 어떤 계절을 좋아하는지 물어보는 질문에 가을을 좋아한다고 대답한 (B)가 정답이다.
Words and Phrases season 계절 fall 가을 ski 스키를 타다

PART C. Listen and Retell (p.87)

11. Boy: What does your dad do?
Girl: He is a firefighter.
Question: Who is the girl's dad?
(A)
해석 소년: 너희 아빠는 무엇을 하시니?
소녀: 그는 소방관이야.
질문: 소녀의 아빠는 누구인가요?
풀이 소녀의 아빠가 무엇을 하는지 묻는 소년의 질문에 소녀가 아빠가 소방관이라고 했으므로 정답은 (A)다.
Words and Phrases firefighter 소방관

12. Girl: I am thirsty.
Boy: Me, too. Let's go get some juice.
Question: Where are they going?
(C)
해석 소녀: 목이 마르네.
소년: 나도. 우리 주스 좀 마시자.
질문: 그들은 어디에 가나요?
풀이 목이 마르다는 소녀의 말에 소년이 주스를 마시자고 했으므로 주스 가게 그림인 (C)가 정답이다.
Words and Phrases thirsty 목이 마른

13. Boy: How is the weather?
Girl: It's very windy.
Question: How is the weather?
(C)
해석 소년: 날씨가 어떠니?
소녀: 바람이 많이 불어.
질문: 날씨는 어떤가요?
풀이 날씨가 어떤지 묻는 소년의 질문에 소녀가 바람이 분다고 했으므로 정답은 (C)다.
Words and Phrases weather 날씨, 기상, 일기 very 매우, 아주, 정말 windy 바람이 부는

14. Girl: What are you making?
Boy: I am making cookies.
Question: What is the boy making?
(B)
해석 소녀: 너는 무엇을 만들고 있니?
소년: 나는 쿠키를 만들고 있어.
질문: 소년은 무엇을 만들고 있나요?
풀이 무엇을 만드는지 묻는 소녀의 질문에 소년이 쿠키를 만든다고 했으므로 정답은 (B)다.
Words and Phrases cookie 쿠키

15. Boy: Where is Ava?
Girl: She is at the flower shop.
Question: Where is Ava?
(A)
해석 소년: Ava는 어디에 있니?
소녀: 꽃 가게에 있어.
질문: Ava는 어디에 있나요?
풀이 Ava는 어디 있는지 묻는 소년의 질문에 소녀가 꽃가게에 있다고 대답했으므로 정답은 (A)다.
Words and Phrases flower shop 꽃가게, 꽃집

SECTION II READING AND WRITING

Part A. Spell the Words (p.90)

1. _ummer
(A) p
(B) t
(C) s
풀이 '여름'을 뜻하는 영어단어의 철자는 'summer'이므로 (C)가 정답이다.
Words and Phrases summer 여름

2. presen_
(A) d
(B) t
(C) m
풀이 '선물'을 뜻하는 영어단어의 철자는 'present'이므로 (B)가 정답이다.
Words and Phrases present 선물; 현재의

3. (A) balloon
(B) ballnoo
(C) banolol
해석 (A) balloon (풍선)
(B) ballnoo
(C) banolol
풀이 '풍선'을 뜻하는 'balloon'의 철자를 올바르게 나열한 (A)가 정답이다.
Words and Phrases balloon 풍선

4. (A) jactek
(B) jeckat
(C) jacket
해석 (A) jactek
(B) jeckat
(C) jacket(재킷)
풀이 '재킷'을 뜻하는 'jacket'의 철자를 올바르게 나열한 (C)가 정답이다.
Words and Phrases jacket 재킷

5. (A) hoeus
(B) shoeu
(C) house
해석 (A) hoeus
(B) shoeu
(C) house (집)
풀이 '집'을 뜻하는 'house'의 철자를 올바르게 나열한 (C)가 정답이다.
Words and Phrases house 집

Part B. Look and Recognize (p.92)

6. (A) The doll is on the bed.
(B) The doll is under the bed.
(C) The doll is next to the bed.
해석 (A) 인형이 침대 위에 있다.
(B) 인형이 침대 아래에 있다.
(C) 인형이 침대 옆에 있다.
풀이 인형이 침대 아래에 있으므로 (B)가 정답이다.
Words and Phrases on …(위)에 under …(아래)에 next to …(옆)에

7. (A) She is a painter.
(B) She is a teacher.
(C) She is a doctor.
해석 (A) 그녀는 화가이다.
(B) 그녀는 선생님이다.
(C) 그녀는 의사이다.
풀이 소녀가 그림을 그리고 있으므로 (A)가 정답이다.
Words and Phrases painter 화가 teacher 선생님 doctor 의사

8. (A) They are carrots.
(B) They are tomatoes.
(C) They are eggplants.
해석 (A) 당근이다.
(B) 토마토이다.
(C) 가지다.
풀이 가지 2개가 있는 그림이므로 (C)가 정답이다.
Words and Phrases carrot 당근 tomato 토마토 eggplant 가지

9. (A) The girl is short.
(B) The boy is short.
(C) They are the same height.
해석 (A) 소녀는 키가 작다.
(B) 소년은 키가 작다.
(C) 그들은 키가 같다.
풀이 소녀는 키가 크고 소년은 키가 작으므로 (B)가 정답이다.
Words and Phrases short 키가 작은 same 같다 height 키, 높이

10. (A) They are eating.
(B) They are cleaning.
(C) They are walking.
해석 (A) 그들은 먹고 있다.
(B) 그들은 청소하고 있다.
(C) 그들은 걷고 있다.
풀이 가족들이 함께 음식을 먹고 있으므로 (A)가 정답이다.
Words and Phrases eat 먹다 clean 깨끗한, 닦다, 청소하다 walk 걷다, 산책시키다

Part C. Look and Respond (p.94)

11. Q: What shape is the box?
    (A) triangle
    (B) oval
    (C) square

해석 질문: 상자는 어떤 모양인가요?
    (A) 삼각형
    (B) 타원형
    (C) 정사각형

풀이 상자의 모양이 삼각형이므로 (A)가 정답이다.

Words and Phrases triangle 삼각형 oval 타원형 square 정사각형

12. Q: How many toys are there?
    (A) There are three.
    (B) There are four.
    (C) There are five.

해석 질문: 장난감은 몇 개인가요?
    (A) 3개가 있다.
    (B) 4개가 있다.
    (C) 5개가 있다.

풀이 4개의 장난감이 있으므로 (B)가 정답이다.

13. Q: What are they doing?
    (A) They are flying kites.
    (B) They are playing badminton.
    (C) They are catching butterflies.

해석 질문: 그들은 무엇을 하나요?
    (A) 그들은 연을 날리고 있다.
    (B) 그들은 배드민턴을 치고 있다.
    (C) 그들은 나비를 잡고 있다.

풀이 소년과 소녀가 나비를 따라가면서 잡고 있으므로 (C)가 정답이다.

Words and Phrases fly 날다, 비행하다; 파리 kite 연 badminton 배드민턴 catch 잡다 butterfly 나비

14. Q: What can you see?
    (A) a goat
    (B) a cow
    (C) a rabbit

해석 질문: 무엇이 보이나요?
    (A) 염소
    (B) 젖소
    (C) 토끼

풀이 젖소 한 마리가 있으므로 (B)가 정답이다.

Words and Phrases goat 염소 cow 암소, 젖소 rabbit 토끼

15. Q: How does the girl feel?
    (A) She is happy.
    (B) She is sad.
    (C) She is angry.

해석 질문: 소녀의 기분이 어떤가요?
    (A) 행복하다.
    (B) 슬프다.
    (C) 화가 났다.

풀이 소녀가 인상을 찡그리고 있으므로 (C)가 정답이다.

Words and Phrases happy 행복한 sad 슬픈 angry 화난

PART D. Read and Retell (p.96)

[16]

> What am I? I have a long nose. I pick up everything with my nose. I have big ears and thick legs. You can see me in hot countries or at the zoo.

16. What am I?
    (A) a giraffe
    (B) a monkey
    (C) an elephant

해석 나는 무엇일까? 나는 긴 코를 가지고 있다. 나는 모든 것을 코로 집어 올린다. 나는 큰 귀와 두꺼운 다리를 가지고 있다. 너는 나를 더운 나라나 동물원에서 볼 수 있다.

16. 나는 무엇일까?
    (A) 기린
    (B) 원숭이
    (C) 코끼리

풀이 긴 코를 가지고 있고 코로 모든 것을 집어올린다고 한 것으로 보아 코끼리임을 유추할 수 있으므로 (C)가 정답이다.

Words and Phrases long 긴 nose 코 pick 집어 내다 elephant 코끼리 everything 모든 것 nose 코 ear 귀 thick 두꺼운 leg 다리 country 나라, 국가 zoo 동물원 giraffe 기린 monkey 원숭이

[17-18]

> My name is Brody. I am eight years old. I have two sisters. My sister Ruby is ten years old. My sister Alice is four years old. I play games with my sisters. I love my sisters.

17. How old is Brody?
    (A) four
    (B) eight
    (C) ten

18. What does Brody do with his sisters?
    (A) play games
    (B) bring games
    (C) find games

해석 내 이름은 Brody이다. 나는 8살이다. 나는 2명의 언니/누나/여동생이 있다. 내 누나/언니 Ruby는 10살이다. 내 여동생 Alice는 4살이다. 나는 언니/누나/여동생과 게임을 한다. 나는 내 언니/누나/여동생을 매우 좋아한다.

17. Brody는 몇 살인가요?
(A) 4
(B) 8
(C) 10

18. Brody는 언니/누나/여동생과 무엇을 하나요?
(A) 게임을 한다
(B) 게임을 가져온다
(C) 게임을 찾는다

풀이 Brody가 8살이라고 했으므로 17번의 정답은 (B)다. Brody는 언니/누나/여동생과 게임을 한다고 했으므로 18번의 정답은 (A)다.

Words and Phrases sister 언니, 누나, 여동생 play 놀다, (게임을) 하다 game 게임, 경기, 시합 bring 가져오다 find 찾다, 발견하다

[19-20]

Emma loves Halloween. She is dressing up as a princess this year. Her mom buys a pretty pink dress for her. She is very excited.

19. What is Emma's favorite holiday?
(A) Halloween
(B) Christmas
(C) Thanksgiving

20. What does Emma's mom buy for her?
(A) a princess doll
(B) a pink dress
(C) pretty pants

해석 Emma는 할로윈을 무척 좋아한다. 올해 그녀는 공주처럼 옷을 입고 있다. 그녀의 엄마는 예쁜 분홍색드레스를 그녀를 위해 산다. 그녀는 매우 신난다.

19. Emma가 가장 좋아하는 휴일은 무엇입니까?
(A) 할로윈
(B) 크리스마스
(C) 추수감사절

20. Emma의 엄마는 그녀를 위해 무엇을 삽니까?
(A) 공주 인형
(B) 분홍 드레스
(C) 예쁜 바지

풀이 글에서 Emma가 할로윈을 무척 좋아한다고 했으므로 19번의 답은 (A)이다. Emma의 엄마는 분홍 드레스를 Emma에게 사주므로 20번의 답은 (B)이다.

Words and Phrases Halloween 할로윈데이 princess 공주 dress 드레스 doll 인형 pants 바지

ITC 국제토셀위원회

TOSEL
예상문제집

PRE-STARTER